新潟の逆襲

ピンチをチャンスに変える
リアルな提案

田村 秀

言視舎

プロローグ　アイシテルニイガタ

俺たちがついてるさ新潟
ヤケドさせてくれ　このゲーム
俺たちがついてるさ新潟
伝えたいこの想い　アイシテルニイガタ！

このフレーズはアルビレックス新潟のサポーターでなくても多くの新潟県民に馴染みのものだ。**アイシテルニイガタ**、なんとも愛に満ちた言葉ではないか。これはチャントと呼ばれるチームの応援歌だ。

2002年の日韓ワールドカップではビッグスワンスタジアムでも熱戦が繰り広げられた。これまでプロスポーツとは無縁に近かった新潟もアルビの躍進でサッカー熱に火がついた。

2003年にはJ2で優勝し、ついに2004年にJ1に昇格したのだった。

アルビは昇格後、まだ1度も降格したことがない。

Jリーグ発足時から加盟しているオリジナル10と呼ばれた10チームのうち、降格を経験していないのは鹿島アントラーズと横浜F・マリノスの2チームだけだ。ガンバ大阪も浦和レッズも1度は辛酸を舐めているのだ。

このことからもアルビがいかに健闘しているかがよく分かるだろう。観客動員数も2004年と2005年は堂々の1位、2006年以降も2012年まで浦和レッズに次いで2位だった。アルビサポーターは日本1熱いのだ。

だが、成績はこのところパッとしない。

J1での最高順位は2007年の6位だったが、2015年と2016年は降格ぎりぎりの15位、2017年も序盤戦で降格圏に低迷し、監督も交代してしまった。アルビの不振は新潟のイメージダウンにもつながりかねない。**新潟のピンチだ。**

それでも新潟は他県に比べるとブランド力は強い。そう思う県民は少なくない。

お米と言ったら**新潟産コシヒカリ**、どこのお米よりも美味しい、新潟県民ならだれでもそう感じているだろう。新潟産コシヒカリをおなかいっぱい食べることを楽しみにして訪れる観光客も少なくない。

日本酒と言ったら**新潟の淡麗辛口**、のどごしすっきりの辛口は切れ味もよく多くの日本酒好きに愛されている。日本1酒蔵の数も多く、今や日本酒＝新潟と言っても過言ではない。

温泉地の数も全国3位、のんびりと温泉宿に泊まって、美味しい日本酒と日本海の海の幸と越後の山の幸を堪能し、〆のご飯はあつあつの新潟産コシヒカリとなれば日頃の疲れもふっとぶというものだ。

新潟は日本1、そして、世界1の豪雪地帯でもある。冬になれば**湯沢や妙高のスキー場**でひと滑り、雪見酒もたまりません！

春は山菜に越後姫、夏はざるいっぱいの枝豆になす、秋はルレクチェに食用菊のかきのもと、冬は南蛮エビに佐渡の寒ブリと新潟は**食材の王国**でもあるのだ。

だが、である。

新潟で生活して16年余り、地方自治や食の専門家として、また、県外人の目線から新潟のさまざまなことをつぶさに見てきた立場からすると**お宝の多さだけでなく、課題も数多く見え隠れしている**ことに気づくのだ。

これまで新潟のテレビにも何度となく出させてもらい、ニュースから選挙特番、バラエティまで諸々のコメントをさせてもらった。新聞でも同様だ。特に新潟日報には100回以上コメントが掲載され、一時期は特別編集委員として定期的に投稿をしていたこともある。

新潟のお宝を褒めるコメントももちろんしてきたが、その多くは県や市、あるいは民間の取り組みに関する課題、問題点などを率直に述べてきたのだった。

そう、**私は辛口なのである。**結構ストレートにおかしいものはおかしいと言い続けてきた。だからこそ、これまで言ってきたことと矛盾するようなことを書くわけにはいかない。そこのところはご了解いただきたい。

特に第2章を読んだ人の中には、異論を唱える人も少なくないだろう。

だが、そここそが新潟の課題なのだ。I LOVE NIIGATA の気持ちが強すぎて、LOVE IS BLIND の状態に陥りやすくなっているのではないか、というのが私の見立てだ。

アルビに対するサポーターの愛もちょっと強すぎて、建設的な批判が起こりにくく、結果としてチームもずるずるときてしまったように見えるのだ。

新潟には優れたお宝が山ほどある。しかし、それに甘えていれば、過去の栄光から転がり落ちるしかないのである。

お米に日本酒、そして雪、この越後三白ともいうべき存在は新潟のとびっきりの宝ではある。だが、対外的な評価は下降気味だ。

県民の想いと現実にギャップがある新潟はどこへ行くのか。

新潟の逆襲には何が欠かせないのか。

それは、本書を丹念に読んでもらえばきっとわかるはずだ。お宝への光の当て方、磨き方をちょっと変えるだけで新潟のお宝はもっともっと光り輝くはずだ。

逆襲はこれからだ！

新潟の逆襲　目次

第4章 新潟のまちの正しい磨き方

新潟県略図

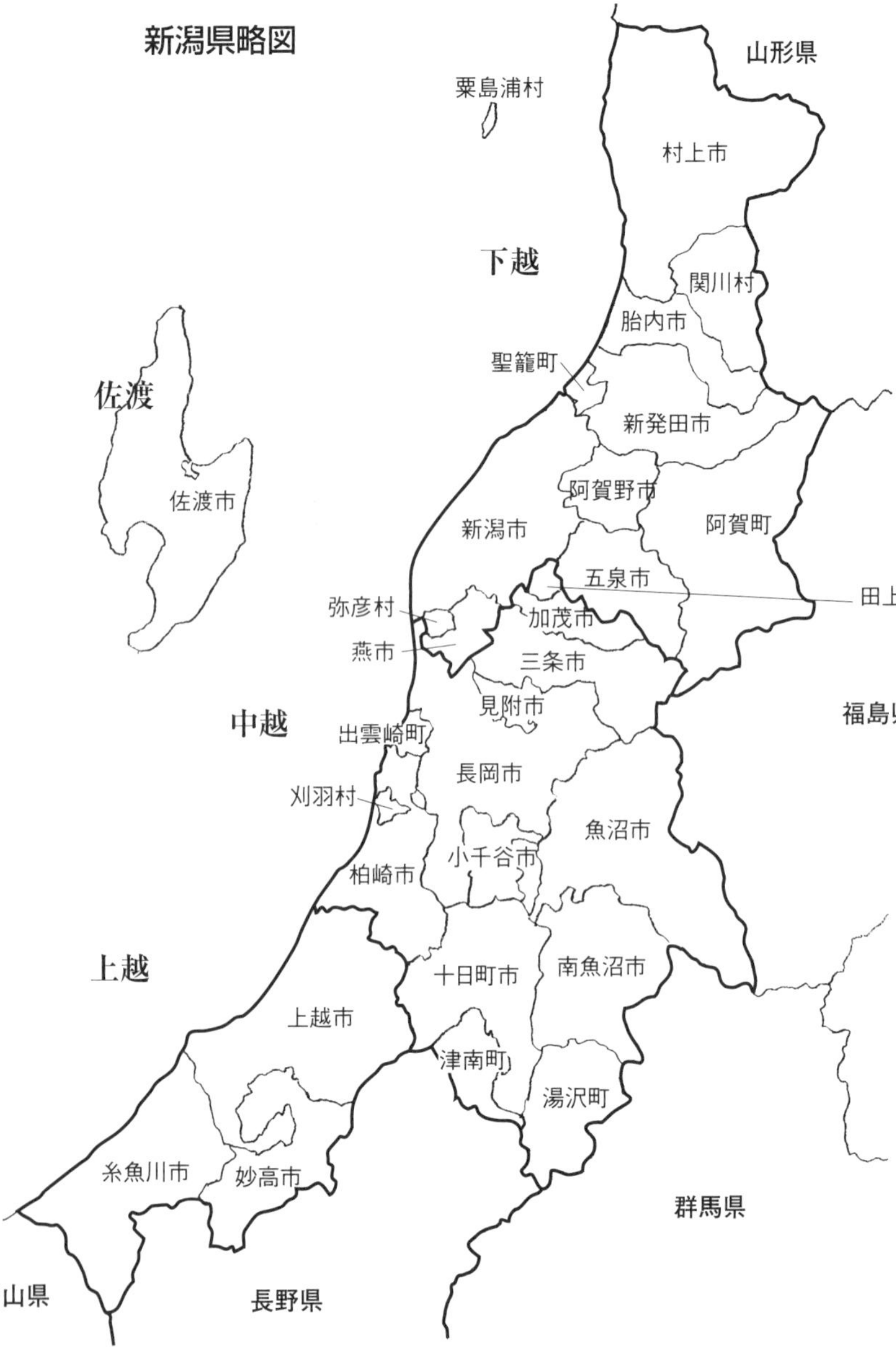
山形県
粟島浦村
村上市
下越
関川村
胎内市
聖籠町
佐渡
新発田市
佐渡市
阿賀野市
新潟市
阿賀町
五泉市
田上町
弥彦村
加茂市
燕市
三条市
見附市
福島県
中越
出雲崎町
長岡市
刈羽村
魚沼市
小千谷市
柏崎市
上越
十日町市
南魚沼市
上越市
津南町
湯沢町
糸魚川市
妙高市
群馬県
富山県
長野県

第1章 気がかりな新潟——過去の「栄光」はいまいずこ

人口日本1からの転落

新潟県の人口が最も多かったのは1996年、250万人にもう一歩というところまできていた。この時、都道府県の中では広島県、京都府に次いで14番目だった。

19世紀の終わりごろまでは、日本で一番人口が多かったのは新潟県だったが、このことは意外と知られていないようだ。残念ながら、新潟出身の新潟大学の学生に聞いても知らないと答えるものが多い。

大学で、「新潟を学ぶ」という科目を教えているが、出身者であっても新潟の基本的なことを知らない学生があまりにも多いので困惑してしまうのだ。

ちなみに1948年に制定された新潟県民歌（作詞：高下玉衛）はほとんどの人に忘れ去られているかもしれないが、県庁に向かう千歳大橋の欄干脇には歌詞が書かれている。その一番は以下の通りだ。

世紀明けゆく西北の
山河新たに旭《ひ》は映えて
県民二百五十万
希望に燃えてこぞり起《た》つ
ここぞ民主の新潟県

江戸時代の前半には越後国と佐渡国を合わせた人口はすでに100万人を超えていた。当時の日本全体の人口は2000万人台だったので、これはかなりの割合である。幕末には横浜、神戸、長崎、箱館と並んで新潟が開港5港の一つに並べられたのも、佐渡金山が近く、多くの人口を抱えていたからという側面もある。

1871年の廃藩置県後、石川県が富山県と福井県の越前地方を併合していた時期を除くと明治期の前半は新潟県が人口日本1だった。1888年の日本の総人口は3963万人、そのうちの4%強に相当する166万人が新潟県に住んでいた。

もし、今でも、この割合のままであったならば、新潟県の人口は約530万人となり、福岡県を凌ぎ兵庫県に次いで9番目に人口の多い県であるはずだった。つまり今よりも300万人も多いという計算になるのだ。

この当時は2位が兵庫県、3位が愛知県で、東京都（東京府）は4位に留まっていた。広大な越後平野を背景に、江戸時代から稲作が盛んで水にも恵まれ、多くの人口を抱えることが可能だったのだ。

そのことは金融機関の成り立ちにも影響を与えている。新潟県には大規模な地主が多く、多額の小作料によって銀行や鉄道などへの投資が行われていた。現在の第四銀行はその名の通り、全国で4番目（大阪の第三銀行は開業しなかったので実質3番目）にできた国立銀行を前身としている。潤沢な農村の資金があったからこそである。

しかし、1893年には新潟県の人口は東京都に抜かれて第2位となり、1898年には兵庫県に、1903年には愛知県と大阪府に抜かれて5位にまで順位を落としている。その後は、東京を始めとする大都市部への労働力を供給する地域に甘んじていったのだった。

明治の初期に日本1人口が多かった新潟県も、その後は人口の流出によって順位を下げていった。特に東京や大阪などの大都市へ多くの若者が流出し、工場や商店などの労働者となった。

この頃の特徴として、農家の次男や三男の流出だけでなく、長男や女子の出稼ぎも多かったことが挙げられる。1925年の日本全国の出稼ぎ労働者数のうち約2割が新潟県民によって占められていた。ちなみに2番目が島根県で5%だった。

明治政府は近代産業の育成を図ったが、これは、新潟県をはじめとする日本海側の地域の労働力によって支えられたという側面が強かったのだ。

１９３６年には新潟県の人口は２００万人を突破し、また、戦後直後は疎開や復員によって人口が急増したため、１９５５年には２４７万人に達した。その後、最初に触れたように１９９６年には２４９万人と県民歌の悲願だった２５０万人の大台にあとわずかにまで迫ったが、少子化の波は新潟県にも例外なく訪れた。

その後は人口減に転じ２００８年には２４０万人台を割り込んだ。２０１６年には２３０万人台を切ってついには宮城県にまで抜かれ15位になっている。

人口が減るのは地方では当たり前、いずれ東京も人口減になるだろうとは予想されているが、人口減は地域経済も衰退を招くだけに深刻な問題であることだけは間違いない。厚生労働省の推計では、２０３０年には２０１万に、２０４０年には１７９万にまで減るとされている。**まさに、新潟のピンチ**である。

危うし日本1

▼追走されるコシヒカリ

新潟といえば米どころ、それも新潟県産のコシヒカリの名が全国に響き渡っていることは誰の目からも明らかだ。コシヒカリは１９５６年に誕生し、炊き上がりの光沢、強い粘りと香りなど美味しいお米の象徴ともなった品種だ。

もともとは、福井県で育成され、新潟県で奨励品種となったもので、福井県から命名の依頼を受けた新潟県が、両県がかつて含まれていた越国（こしのくに）に因み、越の国に光輝く米という願いを込めてコシヒカリと命名したのである。

１９８９年に初めて実施された米の食味ランキングで最高位の特Ａを受賞したお米は13だった。このうち11がコシヒカリで、しかも新潟を生産地とするものが４つ（上越、下越、魚沼、佐渡）だった。特に評価が高いのが**魚沼コシヒカリ**である。魚沼市、南魚沼市など5市2町で生産されていて、**食味ランキングでは28年連続で特Aを受賞**している。

記録的冷夏だった１９９３年でも魚沼コシヒカリだけは特Ａとなったのである。ブランド米としての評価は高まり、偽装米騒動も出るくらいの大人気で、高い値段で取引されている。

日本1の新潟のごはんだが……

米の生産量では北海道と新潟県は拮抗しているが、産出額では２割程度新潟県のほうが多い。それだけ高い単価で新潟米は流通しているのだ。また、コシヒカリは一時期全国の４割近いシェアを占めていただけに、新潟の米は盤石だと思っていた人も少なくなかった。

だが、状況は大きく変わりつつある。そもそも日本人の米離れで、国内での消費が年々減少している。輸出に活路を見出そうとしているが、市場はまだまだ小さい。そして、脱コシヒカリとばかりに、近年、全国各地で新たなブランド米が誕生している。

山形県はつや姫を開発し、２０１０年以降特Ａを取り続けている。以前はまずい米の代名詞の感もあった北海道米だったが、ゆめぴりかが開発されて、やはり２０１１年以降特Ａとなっている。もう誰も北海道米＝まずい、と言えないのだ。

青森県では青天の霹靂というインパクトのある名前の米を開発し、２０１５年以降特Ａを受賞している。新品種は北日本だけではない。滋賀県ではさっぱりした味を売りにしたみずかがみを２０１３年に開発し、やはり２０１５年以降は特Ａだ。

地球温暖化で米の白濁化などが危惧されているが、九州でも相次いで新品種が開発されている。２００９年に佐賀県に誕生したさがひかりは翌年から特Ａを受賞している。熊本県ではくまモンにあやかって、森のくまさんやくまさんの力といった新品種が誕生している。

北陸も同様だ。隣の富山県は富富富（ふふふ）という新品種を、福井県もコシヒカリの正統な後継を目指したいちほまれを2018年にデビューさせる。石川県では今年、ひゃくまん穀が登場する。

近年では毎年40種類以上の品種が特Aを受賞するなど、全国各地の米の食味はレベルアップしている。迎え撃つ新潟県でも今年から新品種**新之助**を本格的にデビューさせる。ぷりっとした独特の食感とコクがあり、コシヒカリとは異なるおいしさを実現したとされている。

新之助がコシヒカリを超えるかは、ここ数年の評価によるだろうが、全国の状況を見ていると、まさに米戦争勃発といっても過言ではないような状況だ。胡坐をかいていては日本一の座は危ういのである。

▼日本酒王国の落日？

新潟産コシヒカリと並んで、新潟県のトップブランドが日本酒だ。新潟の日本酒が注目を集めたのは決して古いことではない。1980年代から淡麗辛口がブームとなってからだ。
このきっかけとなったのが**越乃寒梅**である。雑誌で幻の酒として紹介され、それまで甘口が主流だった灘や伏見の酒を席巻したのだった。時はあたかもバブルの絶頂で、ビールではアサヒスーパードライがブームとなるなど辛口が珍重され、新潟の日本酒もその勢いに乗ったのであった。

全国にある昔ながらの蔵元が相次いでつぶれる中、新潟県では淡麗辛口ブームもあって、さほど減ることもなく、今では90と日本1を誇る。日本酒の生産量も兵庫県、京都府に次いで3位となっている。

当然のことながら日本酒の一人当たりの消費量も秋田県を凌いで日本1だ。米以上に盤石な感じもしないわけではないが、実際には黄色信号、いや赤信号が灯っているのだ。**米同様、あるいはそれ以上に日本人のお酒離れが進んでいる。若年層で特に顕著**だ。

アルハラは論外ではあるが、飲み会を嫌がる新入社員は年々増えている。その中でも日本酒は特に避けられる品目の一つとなっているようだ。これも米と同じように海外市場に攻勢をかけてはいるものの、全体からすればまだまだ少量に留まっている。

日本酒の評価といえば全国新酒鑑評会が最も有名だ。1911年に始まったもので、新酒の吟醸酒を対象に鑑評が行われている。会では、日本酒有識者をはじめとして酒類総合研究所、国税庁の酒類鑑定官、都道府県醸造試験場の技術関係者などが唎き酒を行う。

香味の調和など品質内容について、規定項目を人間の五感をもって審査するほか、酸度や香気成分についての科学分析も行っている。毎年800以上の蔵元から出品され、優秀と認められたものが入賞と、その中でも特に優秀と認められたものが金賞とされている。

ちなみに2016年は854の日本酒が出品され、約半数の413が入賞、227が金賞となった。この結果は毎回、マスコミでも大きく取り上げられる。例えば地元紙の新潟日報では、「本県の新酒金賞16点　都道府県別は4位」と見出しがつけられている。

だが、この見出しだけでは新潟日本酒の実情は分からない。むしろ日報の記事は問題点を覆い隠すかのような記述に終始していて、ちょっと残念な気もするのだ。記事の中では、出品数や入賞数が全国最多としているが、**実はここのところ、入賞の率も金賞の率も振るわない**のだ。

日本酒は大丈夫か？

確かに数は多いが、まさに出品が多いが故であって、打率は全国平均か、場合によってはそれを下回る年が続いている。出品は69で入賞が32、金賞が16、すなわち金賞率は2割ちょっとだ。

他県の状況を見れば問題が深刻なのはよくわかる。秋田県や山形県、福島県、青森県といった新潟県のライバルと目される県については、どこも金賞率は軒並み4割以上だ。金賞率トップの宮城県に至っては新潟県の3分の1に過ぎない23品目を出品し、金賞が15と金賞率は65%、金賞数そのものもほぼ同じとなっているのだ。金賞の数自体では福島県が4年連続1位となっている。

新酒鑑評会の世界では、残念ながら新潟の日本酒はもはや普通の味なのである。専門家にとってあまり淡麗辛口は好まれていないのかもしれないし、山田錦を酒米に使っている日本酒のほうが評価が高いといった噂も耳にするが、結果そのものについては謙虚に受け入れるべきだろう。

日本酒を評価する取り組みは近年増えている。その中でも世界的な評価として定着してきたのがインターナショナル・ワイン・チャレンジの日本酒部門だ。２００７年から実施され、日本酒のカテゴリーも年々増え、現在では純米酒、吟醸酒、古酒など9部門で味が競われている。

２０１６年には海外からのものも含めて１２８２品が出され、金メダル59、銀メダル１９６、銅メダル２４５などとなっている。新潟県の日本酒で金賞を取ったのはわずか１つ、過去10年間の受賞について、都道府県ごとに率を計算してもおおむねどの品目も20番台に留まっている。

このように淡麗辛口の評価は特にプロからは厳しくみられているようだ。すでに福島県などでは県の試験場が中心となって麹の改良など味の改善が進んでいる。その一方で、１９５７年に醸造学科を設立していた県立吉川高等学校は、残念ながら２００２年に募集停止となり廃校の憂き目を見た。このままでは日本酒王国の落日は近いのかもしれない。

▼世界有数の佐渡金山も平成に入って閉山に

世界有数の産出量を誇っていたのが佐渡金山だ。金山のある佐渡市は２００４年に10市町村が合併してできた1島1市の自治体だ。

大化の改新以降に佐渡国が置かれ、江戸時代には金山で栄えた島だった。1601年に開山して、1603年には大久保長安が奉行を務めた。

江戸時代初期の最盛期には金が1年間に400kg、銀が40トン以上採掘される、当時としては世界最大級の金山だったといわれている。その中でも相川鉱山は江戸幕府が直轄地として経営し、大量の金銀を産出していた。相川だけで人口が4、5万もいたのだ。

1871年には廃藩置県で相川県となったが、5年後に新潟県に吸収され現在に至っている。人口は1950年には12万人を超えていたが、その後は減少の一途でついに6万人を割ってしまった。もはや往時の相川と変わらないくらいの規模にまで小さくなってしまったのだ。

佐渡金山も採算が合わなくなったこともあり、1989年に採掘が中止されてしまった。そんな佐渡の最大の産業は観光だ。

上越新幹線が開業して、東京から新潟市まで2時間、さらにジェットフォイルで約1時間という手軽さもあって、団体客を中心に観光客が年々増加していったのだった。

バブル期の1991年には121万人を記録するなど新潟随一の観光地だが、**バブルの崩壊とともに観光客は減る一方**で、今では年間50万人ほどだ。

また、**佐渡空港の問題も深刻**だ。空港の滑走路の拡張問題は迷走し、その挙句に新潟空港との定期路線も2014年に休止したままだ。地元では現行の890mから2000mに拡張してジェット機が就航することを求めているが、用地買収がうまくいっていないこともあって前にあまり進んでいないのが現状だ。

県営空港の用地買収の交渉を佐渡市にやらせていること自体、問題の多いところであるが、地権者の数が相続によって増加し、しかもその多くが島外に住んでいることも難航の理由の一つだ。

佐渡島は、新潟空港との路線が休止されたことによって空路がないという全国的に見ても極めて稀な離島となってしまった。２０００ｍにこだわらず、もう少し短い長さで部分開業という方策も模索すべきかもしれない。

佐渡の人々にとって、佐渡金山を世界遺産に登録しようということも大きな悲願だ。確かに世界遺産登録によって富士山や富岡製糸場に多くの人が訪れるようになるなど、その効果は決して小さなものではない。

だが、すでに石見銀山が世界遺産に登録されているだけに、同種のものが簡単に登録されるかは不透明だ。世界遺産に登録されても観光客が大幅に増えているところばかりではなく、登録された場合にはさまざまな制約も生じかねない。そもそも世界遺産の主眼は観光産業の振興ではないからだ。佐渡を取り巻く環境は新潟県本土以上に厳しいのである。

一方、佐渡では朱鷺の野生復帰の取り組みが進められ、すでに県内外でその姿が目撃されるなど、放鳥の成果も着実に出ている。**観光ミシュランでは県内で唯一星を得ているのも佐渡島だ。**お宝満載の島だけに、交通アクセスの改善は大きな課題だ。

東京志向が裏目に

▼中古車だらけの上越新幹線

新潟県は周辺の県に住んでいる人から**インフラ整備が進んでいる**とよく羨ましがられる。実際、新潟県内に入った途端に道路が広がるところも結構あるようだ。この点はやはり田中角栄元首相の存在が大きかったのだろう。日本列島改造論は、新潟県改造論でもあったのだ。

東北新幹線と同じ年に開通することが出来た上越新幹線は今年で開通35周年を迎える。本州日本海側で最初に新幹線が通った街として、その後、新潟市は発展していったのだ。

高速道路も同様だ。1978年には北陸自動車道が一部開通し、1980年代には上越・関越両自動車道が、1997年には磐越自動車道が、そして1999年には上信越自動車道が全線開通するなど、北海道を除くと全国一長い高速道路網を有する県となった。

残るは山形、秋田方面につながる日本海東北自動車道だが、県内ではすでに村上市の朝日まほろばICまで完成している。隣の山形県のようにまだ、県内の高速道路が切れ切れの地域から見れば新潟の高速事情は本当に羨ましい限りなのだろう。上信越自動車道も4車線化の工事が進められている。ますます便利になっていくのだ。

また、2500mの滑走路を持つ新潟空港からは札幌、名古屋、大阪、福岡、那覇のほか、中国、韓国、グアムの諸都市へ定期航路も就航するようになった。

空港、高速道路、新幹線は高速交通体系の3点セットともいわれる。この3つが1980年代前半に大部分が完成していた地域は日本全国を見渡してみても、大都市部を除くとほとんどない。このような基幹的な交通体系に関しては、日本海側では最も利便性が高いのだ。

その一方で上越新幹線には陰りも見られる。北陸新幹線の開通によって、上越新幹線が枝線化するのではないか、ときの本数が大幅に減らされるのではないかといった危惧もあったが、当面はそのような事態には至らないようではある。

だが、別の面で上越新幹線の課題が浮き彫りになりつつある。山形、秋田のミニ新幹線、北陸新幹線、北海道新幹線が開通し、また、開業後しばらく経過するとそれぞれに最新型の車両が導入されているのに対して、上越新幹線は依然として東北、長野新幹線のお古の車両が使われている。

長野新幹線で使われていた車両の一部を除くと電源もなく、リクライニングが壊れているのも少なくない。もちろん、トイレにウォシュレットがついているということはない。洗面所の髭剃り用電源で携帯やスマホを充電した経験がある人も少なくないだろう。

ハード面は仕方がないとしても、ダイヤの面で屈辱的なことが起きているのにどれだけの人が気づいているだろうか。東海道新幹線であれば、ひかりやこだまはのぞみに抜かれてしまう。これはほとんどの人が許容しているだろう。一方、のぞみがのぞみを抜くということもない。

しかし、速達型と称される上越新幹線ときが、高崎駅で停車している間に北陸新幹線のかがやきに抜かれてしまうのだ。それも下りで2本もある。ダイヤ編成に関してJRの事情は色々とあるのだろうが、同じ速達型に抜かれるというのは何とも解せないものだ。**これでは上越新幹線が完全に北陸新幹線の格下に扱われているようだ。**

▼東京を求めた挙句に

高速道路や新幹線が早い時期に整備され、東京からの時間距離が近くなり、利便性が高くなった結果として、県民の意識に強い東京志向が芽生えたという面も否定できないだろう。

明治以降、高度経済成長期に至るまで多くの新潟県民は東京方面に移っていったので、それ以前から東京志向が強かったのかもしれないが、新潟県、特に新潟市内に生活していると東京志向の強さを依然として強く感じるのだ。

その象徴ともいえるのが、新潟市古町の角にあるNEXT21に入居していた**ラフォーレ原宿・新潟**だ。最初この名前を聞いたときに、なぜわざわざ原宿という地名をつけなければいけないのか、とても疑問に思ったものだ。

ラフォーレ原宿は1978年に東京の表参道に作られた若者向けファッションビルで、実は地方展開も行っていた。1983年に松山市へ、1993年には北九州市小倉へ、そして1994

年に新潟市へ進出したのだった。ＮＥＸＴ21の一角に商業施設として入居していたが、松山店や小倉店同様、新潟店も２０１６年に閉店してしまった。

新宿アルタは三越などが経営するファッションビルだが、実は新潟にも**新潟アルタ**がある。これは２００２年に新潟駅近くの万代地区に出来たものだ。アルタはこの他、池袋や札幌にもあったが、札幌店は名前が変わってしまい、地方で残っているのは新潟市だけだ。

西堀ローサと呼ばれる、ＮＥＸＴ21や三越新潟店などとつながる地下街もある意味東京志向の産物だったのかもしれない。延長３３０ｍ、日本海側では最大規模で１９７６年にオープンした。国内外の地下街というものは通常は鉄道やバスなどの公共交通機関にアクセスするものであるが、西堀ローサは全くそのような機能のない施設である。当初は多くの買い物客で賑わっていたが、バブル崩壊後は客足も遠のき、売り上げは最盛期の５％ほどしかない。

１９５０年代から１９６０年代にかけて、市内の各所にあった趣深い掘割をすべて埋立ててしまったのも時代の流れを先取りしたということなのかもしれない。

西堀ローサは名前の通り、堀があったところを埋め立てて、地下駐車場を作る際に駐車場の上の部分を地下街としたものである。もし、堀の一部でも残していたのであれば、今頃は東洋のベネチアとして新潟の街は全く異なった姿を見せていただろう。

西堀ローサについては、交通の結節点とは無縁の場所に作られたというのがアダとなっているようだ。地下街は新潟市の第三セクターで運営されていて、見かけ上は黒字に転換したが、実態は市の関係施設の使用料などでそのようになっているだけであり、まさに税金によって何とか存続しているのだ。雨や雪の日には便利かもしれないが、古町全体が衰退する中で、往時の賑わいはもはやみられない。

新潟駅南の**プラーカ新潟**と呼ばれる再開発ビルも1985年に完成したが、競合する民間施設が相次いで完成する中でテナントが撤退していった。計画がずさんなこともあって結局のところ2004年に破たんし、競売によって民間事業者に売却された。

そして、一部区間は廃止されたもののなんとか残っていた**路面電車**についても、1999年になって全ての路線を廃止してしまったのだ。世界的にも都市交通として脚光を集めている路面電車を、20世紀末に住民から大した反対運動もなく葬ってしまった都市は世界中見ても多くはない。

その結果、**新潟市は政令市で唯一、JR以外の軌道系の交通機関がない都市**となってしまっている。また、自動車に対する依存度も政令市で一番高く、完全な車社会となっているのだ。

2010年にはNEXT21の向かいにあった百貨店、**大和新潟店**が閉店するなど、新潟市の中心部の商業施設は大変厳しい状況になっている。新規で再開発された商業ビルもオープンしているが、どれも万代地区ばかりで、古町商店街界隈は買い物客もバブル期に比べると大幅に減少してしまったのだ。

もちろん、地方は車なしでは生活ができない、モータリゼーションの流れに合わせるのは当然だ、という意見も根強い。その意味では行政や経済界だけでなく、実は新潟市民もコンパクトなまちづくりにはあまり関心がないのかもしれない。

また、小学校の跡地に建設された**中央図書館**は新潟駅から数百m東に離れた住宅街の中の、なんとも中途半端なところにある。昨今では中心市街地に多くの人を呼び込む集客装置の側面を持つ図書館は注目を集めている。

駅前や中心商店街近辺に立地させるのが一般的になっていることと比べると、どうも新潟市は公共施設の立地政策、もっといえばまちづくりのグランドデザインを全く持っていないといわざるを得ないのだ。その挙句に市の郊外の優良農地を潰して２０１１年に立て続けに土地区画整理事業が認可されてしまったので郊外化は避けられない。**コンパクトシティの動き**とは真逆なのだ。詳しくは4章の目指せコンパクトなまちづくりを参照されたい。

▼東京都湯沢町はいずこへ

東京都湯沢町という町はもちろん存在しない。これは１９８８年から翌年にかけて新潟日報で連載された特集のタイトルで、その後同名の書籍が刊行されたのだった。

同書によれば、その当時の湯沢町には22カ所のスキー場があって、年間観光客７００万人のうち５２０万人がスキー客、１９８９年7月末現在で完成済みと建設予定を合わせると1万1千戸（51棟）のリゾートマンションが町内にあった。これは町の世帯数の4倍近い数だ。

１９８８年に全国で販売されたリゾートマンションの3分の1以上が湯沢町の物件だった。上越新幹線と関越自動車道の完成、１９８７年のリゾート法の制定、そして同年に大ヒットした映画『私をスキーに連れてって』の影響も決して小さくなかっただろう。

この映画は、原田知世が演じるＯＬと三上博史が演じる冴えないサラリーマンだがスキーはプロ級の主人公が、スキー場で偶然出会い、恋に落ち、スキーを通じて愛を深めていくというベタなラブストーリーだった。今の40代後半から50代ならだれもが覚えているだろう。

東京から1時間ちょっとでたどり着く一番近いスキーリゾートということもあって、バブル景気の中でマンション建設が相次いだのだった。

この動きを加速したのが新幹線とスキー場が直結した**ガーラ湯沢駅**の開業だ。１９９０年以降、ガーラとＪＲ東日本のコラボＣＭは話題を呼び、人気の若手女優らがＣＭキャラクターを務めることで多くの若者が湯沢町に惹きつけられていった。今では考えられないことではあるが、当時のリフト待ちは1時間以上ということもざらにあったのだ。

その後もマンション建設は続き、計画では2万戸を超えるマンションができるはずだった。実際には1万5千戸ほどに留まったが、凄まじい勢いで湯沢町は東京化され、住民は好むと好まざるとにかかわらず、その波に飲まれていったのだった。

湯沢町のリゾートマンションの先駆けは苗場地区の**西武ヴィラ**だ。西武鉄道グループの西武不動産が１９７７年に最初に建設してから、苗場だけでなく、岩原や湯沢、そして中里地区に相次いで建設が進み、隣の塩沢町（現南魚沼市）の石打地区にまで波及している。

しかしながら、1992年をピークにスキー客は激減してしまった。まさに湯沢バブルの崩壊である。今では空室だらけの高層マンションが目立つばかりといった感もある。

スキー場も相次いで閉鎖され、現在はピークの半分ほどだ。加山雄三氏が鳴り物入りで作った加山キャプテンコーストスキー場も2011年には閉鎖されてしまった。

もちろん、スキーに関しては一時のどん底から脱して利用客も少しずつ増え、インバウンドの影響もあって、海外からのスキー客は増加している。だが、往時の勢いからは程遠いのが現状だ。

このように、人口日本1をはじめ、新潟の過去の栄光はたくさんあったものの、その多くは見る影もなく、今いずことといったところだ。このように衰退を感じさせられることも心配であるが、それ以上に大丈夫かといったことが最近特に多く起きているのだ。次章で心配なこれらのことについて改めてみてみよう。

第2章 大丈夫か？ 新潟

新潟県はどこへ行く？

▼新潟は中部？ 東北？ 北陸？ 関東？

第1章でみてきたように課題が山積みの新潟県、そもそもどこの地域に属するのかよく分からないというのも課題の一つともいえるだろう。そう、新潟県というのは昔からどこの地域と固定されたものがないのが特徴でもあるのだ。

例えば中学校の地理では新潟県は中部地方に区分されている。いわゆる中部9県の一つだ。その一方で、電力会社は東北電力だ。以前はワールドカップサッカーの会場にもなった新潟スタジアムは2013年までは東北電力ビッグスワンスタジアムと呼ばれていた。

現在は日本政策投資銀行となっているが、その前身の一つ、政府系金融機関の北海道東北金融公庫は北海道、東北6県と新潟県が管轄だった。新潟は中部ではなく東北であるという考えも有力なのである。

いやいや、新潟県は北陸地方だと主張する声もある。富山県、石川県、福井県と合わせて北陸4県と称されることもあれば、新潟県内のガス会社といえば北陸ガスである。だから新潟は北陸だと。

ただ、ほかの3県とは物理的な意味だけでなく、精神的な意味でも結構距離感があるのもまた事実だ。実際、富山や石川の人たちの多くは北陸3県と言うことはあっても北陸4県とはほとんど言ってくれない。

北陸という括りは昔の越国（こしのくに）の名残でもある。これは、福井県敦賀市から山形県庄内地方の一部に相当する地域に対する、大化の改新以前の日本古代における呼称だ。福井県の一部が越前、富山県が越中、そして新潟県本土が越後の国だったことからもうなずけるものではある。

ちょっと待ってくれ、新潟県は関東の一部だという人も少なからずいるだろう。ＮＨＫに関東甲信越小さな旅という長寿番組がある。長野県や山梨県と並んで、新潟県は関東地方とセットだという見解だ。確かに、天気予報などでは関東甲信越が一つのエリアとして画面に示されることも多い。テレビの力はやはり大きいのだ。

このほか、上信越地方として群馬県、長野県と一括りにまとめられることもある。上野国、信濃国、越後国の頭文字をそれぞれつなげた言い方だ。上信越自動車道や上信越高原国立公園として3県をまたぐものの名称にも使われている。あるいは、もう少し小振りに信越地方と、長野県と一緒に区分するケースも結構ある。

このように、他県に比べるとどこに帰属するかはっきりしないことが良くも悪くも新潟県の特徴のようだ。

▼周りとの交流の少ない新潟

この結果、新潟県は残念ながら周りとの交流が他県に比べると少なくなっている。これがいわゆる**新潟モンロー主義に陥りやすくなっている**のではないか、というのが私の見立てである。モンロー主義というのは、もともとはアメリカのモンロー大統領が唱えたものだ。アメリカがヨーロッパ諸国に対して、アメリカ大陸とヨーロッパ大陸間の相互不干渉を提唱したことを指す言葉である。孤立主義の代名詞として、時に他と協調せず、自分たちさえよければ、といったニュアンスで使われることがある。

新潟モンロー主義とは、周辺の県と協調せず新潟さえよければ他の地域はどうでもいいといった態度で、結果的に孤立を招くようなことを指すものだ。決していい言葉ではないが、そのような状況に陥っていると感じられることがこれまで何度となく起きているのだ。

関東地方であれば千葉県や埼玉県はもちろんのこと、茨城県や栃木県、群馬県、さらには静岡県から都内に通勤・通学する人はそれなりにいる。近畿地方であれば、三重県から奈良県を越えて大阪府方面に通勤・通学する人もいる。

このように都道府県を越えての通勤、通学は全国的にみてもそれなりにいるが、新潟県の場合はほとんどいないとされている。２０１０年の国勢調査によれば、県外に通勤・通学している新潟人は0.4％、これは地理的に離れている北海道と沖縄県の0.2％を除けば一番低い。ちなみに一番多いのが奈良県民で29・９％、次いで埼玉県民、千葉県民となっている。

周辺の県とは基本的に山で接していて、また、都市同士がつながって発展しているということもなく、人の行き来が少ないため人付き合いも薄いということになっているのだ。

▼新潟県から離脱したい？

新潟県は面積が広く全国5番目だ。しかも県が細長く、直線にすると２５０㎞くらいある。新潟県本土の海岸線だと３３０㎞を超える。地図に新潟県の形を置いてみると東京から愛知まで、また、福岡から鹿児島までの長さに匹敵するのだ。この長さはお隣の韓国の首都、ソウルと北朝鮮の首都、ピョンヤンとの距離よりも長い。このため、**上越、中越、下越、佐渡がそれぞれ一つの県**といっても過言ではない。

実際、一番面積の広い中越地方は全国で29番目の和歌山県よりも広く、下越地方は30番目の京都府よりも広い。上越地方もほぼ東京都の面積に匹敵するくらい大きいのだ。地方分権が唱えられて久しいが、新潟県の場合、**分権よりも分県すべきという声**すら時に聞こえてくるのである。

これは実は上越地方で実際に沸き起こっている話である。古くは大正時代の頃から、新潟県から分かれて長野県と一緒になるべきという主張があったようだ。もともとこの地域では、**新潟市を中心とした下越地方の偏重を指す蒲原政治に対する反感**が強かった。蒲原とは新潟市及びその周辺を含む地域で、東蒲原郡、西蒲原郡、南蒲原郡、北蒲原郡、さらには現存しない中蒲原郡に分けられていた。

県が作る施設の大半は新潟市やその周辺で、上越地方には十分な投資もなされず、政治家の関心も薄いという不満が以前からくすぶっているのだ。上越市から県庁のある新潟市まで行くよりも、隣の長野県の県庁所在市、長野市に行くほうが半分ほどの距離だ。

廃藩置県後の県の変遷の中で、長野県も大きすぎるので南のほうは松本県とするという案もあったようだ。そうなっていたら上越地方は新潟県ではなく、長野県となっていた可能性もあったのだ。

海なし県の長野県にとって、上越地方は単に海水浴を楽しむだけでなく、港があることは物流の面でも魅力的にみえる。蒲原政治に嫌気がさした政治家の中には、本気で長野県と一緒になることを考えていた者もいただろう。

２００８年６月には糸魚川市議会で古畑浩一議員が糸魚川市を長野県に編入させてはという質問を市長にぶつけている。糸魚川市は大糸線で長野県につながっているだけでなく、ＪＲは東日本ではなく西日本の管内、言葉も関西弁に近い。このように地方政治家の中にも新潟県から離脱して分県を唱える者が今でもいるのだ。

２０１６年６月には、地元の上越タウンジャーナルが上越市は新潟県に残留？離脱？と題してインターネットアンケートを行っている。４３８１人が投票して、新潟県に残留が52・7％、長野県に編入が32・6％、さらに富山県に編入が4.9％という結果だった。このように上越地方では今も分県の議論は尽きないようだ。その一因は後ほど触れる道州制の議論があるからだ。

▼ガラパゴス化する新潟？

このように孤立化の様相を見せる新潟県、これはまさにガラパゴス化する新潟なのではないだろうか。この言葉自体は日本で生まれたもので、日本市場という孤立した環境の中で、いわゆる最適化が進み過ぎて、外の世界との互換性を失って孤立してしまうだけでなく、外部から適応性が高く低価格な商品や技術が入ってくると最後は淘汰されてしまう危険性が高まるというビジネス用語だ。

日本独自で進化を遂げた携帯電話が世界標準からかけ離れてしまう現象などに使われるもので、ローカルなニーズに基づいた独自の進化によって素晴らしいものが誕生はするものの、他の多くのマーケットのニーズを満たすことが難しいため、結局は負けてしまうということになるのだ。要は高水準の少数派は低水準の多数派に規格争いなどで不利になってしまう。

ブランドがバラバラなものよりも、まさにナショナルブランドとして一つに統一して世界展開したほうが、グローバル化した世界では受け入れられやすい。サムソンやヒュンダイなど韓国製品が世界を席巻したのは非ガラパゴス化によるものなのだろう。

新潟県も上越、中越、下越、佐渡と4つの地域に分かれ、さまざまなブランドを打ち出している。もちろん、コシヒカリをはじめ、日本酒など高い水準を持つものが多いが、ガラパゴス化といえなくもない。そして一つ気になることがあるのだ。

日本経済のガラパゴス化が叫ばれたのが2008年前後だ。その頃、日本の人口はピークに達したが、世界の人口が70億弱、ちょうど日本の人口は53分の1だった。実はその頃の新潟県の人口が日本全体に占める割合もだいたい53分の1程度だった。偶然とはいえ、世界の中で日本が自己完結できるような市場規模であるように、新潟県も日本の中で自己完結できるような市場規模なのかもしれない。周りとの交流が少ないままだとガラパゴス化する危険性はますます高まってしまいそうだ。

道州制論議の区割りでもはっきりしなかった新潟県

▼道州制とは

最近はちょっと影を潜めているが、新潟県の地位を揺るがしかねないのが道州制の議論だ。道州制とは、130年ほど続いた現行の都道府県を廃止・統合して大括りの道や州に再編するという構想だ。

全国の市町村数も市町村合併で3300余りから1700ちょっとにまで減少し、次はいよいよ都道府県改革というムードが高まってきた。道州制は単なる都道府県合併とは異なるものだ。

地方分権改革が進展し、地方でできることは極力地方に委ねるという基本原則のもと、国の出先機関の機能の多くを移譲される道州は、内政の要として、地域の経済政策やインフラ整備、環境や雇用政策などで独自のカラーを打ち出すことが期待されるものと一般的にはいわれている。

道州制が導入されれば、今の都道府県は廃止されることになる。諸外国の中には州－広域自治体―基礎自治体と三層制の構造をとるところもあるが、現在の道州制の議論は基本的には二層制の構造としているので、導入されれば新潟県も廃止されることになるだろう。

そもそも、道州制の論議は今に始まったものではない。古くは明治期、当時の官選知事からの提案がその先駆けだった。第2次世界大戦後、都道府県知事が官選から直接公選になるなど民主化、自治体化していったが、民選知事に対する不満や都道府県と大都市の対立などを契機に、都道府県不要論、再編論が沸き起こった。

1957年には、国の審議会である第4次地方制度調査会が、都道府県を廃止して全国を7から9つの「地方」に再編し、内閣総理大臣に任命される地方長が置かれるという「地方」案を多数案として、府県統合する15から17の「県」案も参考に示す形で答申を行ったが、両案の賛否が拮抗したこともあって、結局は実現しなかった。

その後は、東海地区や関西地区などで都道府県合併の具体的な動きがみられたり、経済界から道州制の提言が数多く行われていった。市町村合併が進んだ2006年には国の第28次地方制度調査会の道州制に関する答申も出され、内閣に道州制担当大臣のポストが設置されるなど、道州制導入に向けた国の動きは再び活発になった。

内閣府には道州制ビジョン懇談会が開催され、道州制基本法案の議論が行われるなど、霞が関や永田町、さらには経済界では道州制導入の議論が熱を帯びてきた。しかし、その一方で、**国民的な議論の盛り上がりに欠けていた**のだった。

道州制は、国家統治のあり方そのものの大変革だといわれている。道州制の導入によって国の業務、特に出先機関の仕事の大部分が大幅に道州に移譲されると考えられている。スリム化した国は、グローバル化が進展する中で、外交に総力戦を注ぎ込むことこそがその本務となる。

国際環境が激しく変化する中で国の役割を重点化し、内政に関することは基本的に道州と市町村に任せ、真の意味での分権型社会を構築することが道州制導入の目的だ。だが、実現に向けては課題も多い。

▼仲間はずれ？の新潟

道州制の議論の中で、一般の人の関心が最も高いのが区割りの問題だ。**どこの県とどこの県が組むのか**、道州制そのものには関心がなくても誰もが気になるところだろう。

1957年の第4次地方制度調査会では、多数案の「地方」に関して、新潟県は、関東甲信越（7ブロック案及び8ブロック案）と北陸信越（9ブロック案：現在の衆議院議員選挙における比例区と同一のものが多い）に区分されていた。

少数案の「県」では、新潟県・富山県・福井県（15ブロック案）、新潟県・長野県（16ブロック）、そして17ブロック案では都道府県の境界にこだわらない区域が示され、新潟県については、なんと下越地方が福島県と山形県南部、宮城県南部と同じブロックに、そして、上越、中越及び佐渡地方が長野県北部と同じブロックに区分されていた。新潟県が2分割されてしまったのである。

2006年の第28次地方制度調査会の答申では3つの区域例が示されているが、新潟県に関しては2パターンに分かれている。一つは北陸として富山県、石川県及び福井県と一緒になる例で、もう一つは北関東信越として茨城県、栃木県、群馬県及び長野県と一緒になる例だ。

確かに北関東自動車道から関越自動車道を経由するなどすればこれらの県とはつながるが、ちょっと違和感はあるだろう。いずれにしても、新潟県と組む相手はすべて違うのだ。

一方、自由民主党の道州制に関する第3次中間報告では4つの案が示されていて、新潟県は3つのパターンに分けられている。

一つは北関東として、茨城県、栃木県及び群馬県と一緒になる案、二つめは東北6県と一緒になる案、三つめは北関東に埼玉県を加えた案だ。これらだけで10の組み合わせになる。**こんなにバラエティーに富んでいるのは新潟県ぐらいだ。**他県の多くはせいぜい2から3パターンぐらいに収まるのに比べると対照的だ。

このように、道州制の区割りに関しては、新潟県はどこになるか全く見当がつかないというのが正直なところだ。それくらい、新潟県にとって道州制の、それも区割りの議論は厄介なのである。上越地方で長野県などと一緒になって北信越州を構成すべきという意見が出てくるのも、ある意味無理からぬことではある。

私もメンバーだった内閣府の道州制ビジョン懇談会の区割り基本方針検討専門委員会では、

①経済的・財政的自立可能な規模
②住民が帰属意識をもてる地理的一体性
③歴史・文化・風土の共通性

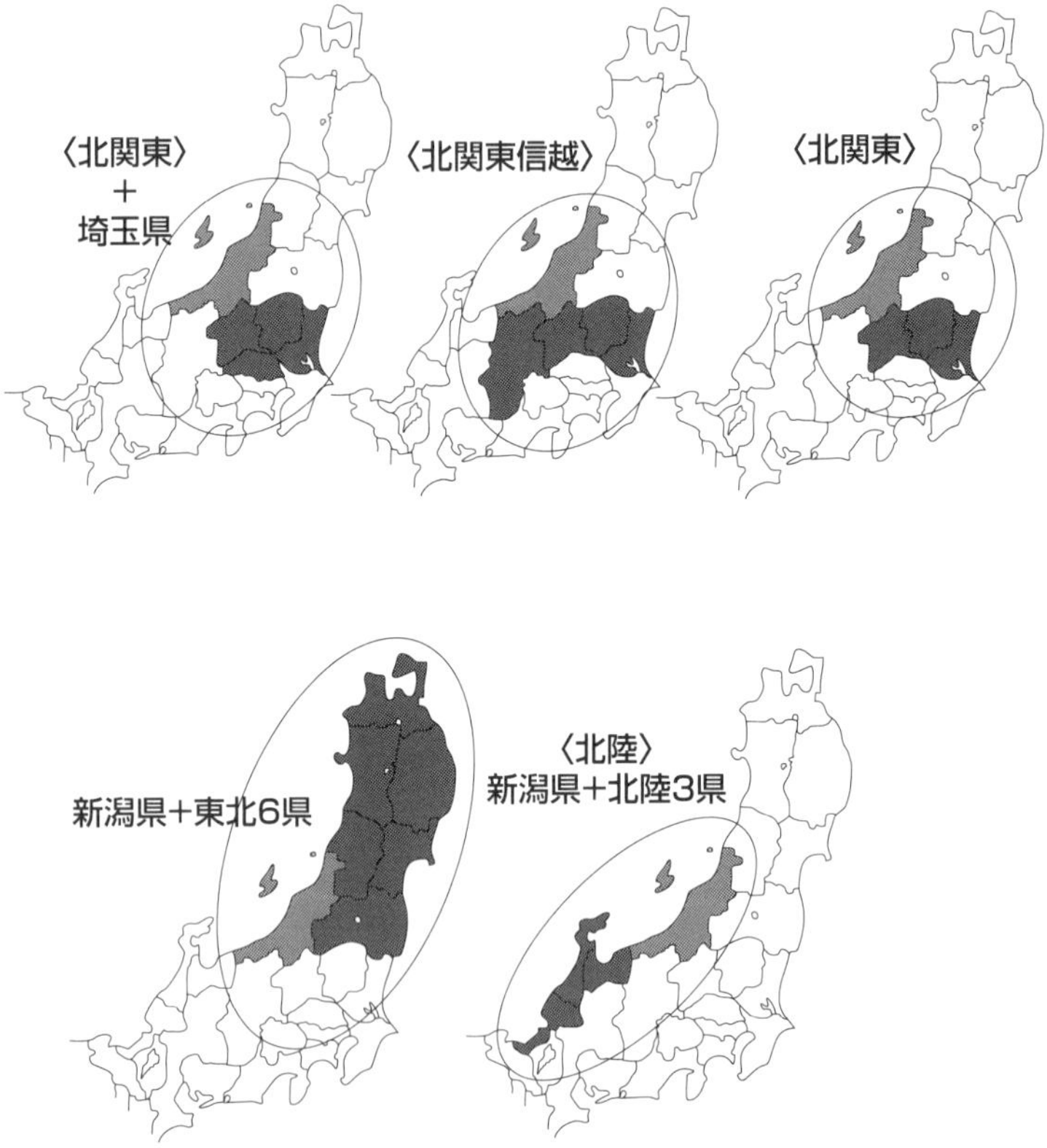
〈北関東〉
＋
埼玉県
〈北関東信越〉
〈北関東〉
新潟県＋東北6県
〈北陸〉
新潟県＋北陸3県

④生活や経済面での交流

などの条件を考慮して区割りの基本方針を決めるべきとしていた。

この4つの条件を新潟県に当てはめてみると、答えを出すのはますます容易ではないということに気づくだろう。

①に関して言えば、新潟県はある程度それだけで自立可能と考えられるものも少なくない。

②ではどれも帯に短しタスキに長し、である。

③に関しても下越は東北に近いが、上越は長野や富山などとの共通性のほうが多いなどさまざまだ。

④についてはモンロー主義に陥りやすい状況にある。

このほか、現行の国の出先機関の区域でも、信越や北陸、関東などさまざまなパターンに分かれている。

道州制の導入に対しては、反対も根強い。世論調査でも賛成派は少数に留まっている。全国町村会などでは、町村切り捨てになりかねないとして反対の姿勢を強く示していて、結局のところ、自由民主党も及び腰となり、今でも強く主張しているのは日本維新の会くらいだ。

だが、道州制の議論が再び熱を帯びてくる可能性もゼロではない。その時、新潟県はどうなってしまうだろうか。

▼負担金の支払いを拒否して仲間はずれに

北陸新幹線は東海道新幹線などとは異なり、整備新幹線として法律に基づき地元自治体も一定の負担を行う、いわば国と地方が共同で実施するものだ。

その意味では、地方の声も極力反映されるべきではあるが、新潟県と新幹線を所管する国土交通省の対立が話題となったのは記憶に新しい。ちょうど道州制の議論が活発に行われていた時期であっただけに、**新潟県の孤立**はさらに深まってしまった。

新潟県は、追加工事実施計画を国土交通相が認可したことについて、国の手続きは意見聴取がなされないなど不十分で無効として、国と地方自治体間の争いを処理する総務省の第三者機関である国地方係争処理委員会に２００９年11月、審査を申し出た。

地方分権の時代は、国と地方が対等協力の関係の下、問題があれば地方が正々堂々と物言うべき時代であるが、今回の対立は新潟県にとって分があるとは思えないものだった。

建設費の増額などに対して国の説明が不十分というのはそうなのかもしれないが、手続きに問題があるから認可は無効だと主張するのは筋違いの感は否めない。事業の遅れを危ぶむ声も出るなど、周辺県との関係もぎくしゃくしてしまった。

国の説明不足を理由に負担金の一部を支払わないと新潟県は表明していた。交渉事には時にこのような脅しも必要なのかもしれないが、賢明な対応だったのだろうか。県は確かに県民の利益のために活動すべき存在ではあるため、すべての新幹線を必ず県内で停車させようと求めていることに支持する向きも少なくなかった。

過去にも同様なことはあった。東海道新幹線ののぞみがまったく静岡県内に停車しないことに対して、２００２年の静岡県議会で当時の静岡県知事は、ＪＲ東海は静岡県を軽視しているとした上で、可能な限り静岡駅または県内のいずれかの1駅にのぞみを停車するよう要望し、今後も県内を素通りするのであれば「のぞみ通行税」を徴収すると発言したことがあるが、実現には至っていない。

一方、利用者の立場に立てば、快速型もあれば通常型、鈍行型も必要だ。経営の観点からすればすべてを県内に停車させるというのは受け入れ難いものがあるだろう。さらに、条件として並行在来線への財政支援の話まで持ち出すのは、やり過ぎだったのではないだろうか。

周辺県の反発は想像以上だった。申し出翌日の北国新聞（石川県）の社説では、「知事の頑固さは理解し難い」、「新潟県には国交省と冷静に協議することを求めたい」と書かれてしまっている。同様に、北日本新聞（富山県）の社説では、

地元負担の詳細な内容明示や負担に見合うだけの受益を求めるのは、県民の血税を預かる知事としては当然だろう。少しでも負担を減らし、効率的で透明性ある使い方で地域発展に当たりたいというのは分かる。それは沿線各県のトップ、県民とも同じであろう。だが、北陸新幹

線は新潟県だけの案件ではない。新潟県が建設負担金の支払いを拒否すれば、整備が行き詰まることは否めない。上流で水をせき止めれば下流には流れてこないのは自明の理である。だからこそ、上越新幹線が既に開業し効果を実感してきた新幹線先行県だけに他県への配慮がなければならないはずだ。一県のみの主張に振り回されている感がある。大変残念なことだ。

と諭されている。まさに新潟モンロー主義への懸念を表明しているのだ。

負担金問題については、その後、新潟県が支払いに応じるということを表明し、また、国も並行在来線の財政支援について他県同様支援することを約束して決着は図られた。

だが、この問題は単に北陸新幹線だけでなく、他の公共事業や周辺県との連携にも暗い影を投げかけてしまった。国や周辺県との関係で失ったものは小さくないのだ。

▼挙句の果てに意味不明の新潟州構想？？

このように道州制の議論が進み、また、負担金問題で周辺県との関係が悪化した中で、突如出てきたのが意味不明ともいえる新潟州構想だった。大阪が大阪府と大阪市を統合させる大阪都構想を、愛知が愛知県と名古屋市を統合させる中京都構想を出すと、それに便乗して出てきたような感じのものだった。

この構想は２０１１年1月25日、突然新潟県知事と新潟市長によって発表されたものである。

記者発表資料の構想イメージによれば、

・新潟州（新潟都）は、東京都と特別区の関係を参考に、特別区へのさらなる権限の拡大を含めて検討する。

・新潟州内の権限の配分など統治のあり方は、地方自治法の抜本改正により条例で定められるよう、国の関与の廃止を求める。

・新しい自治体の名称は、「州」にこだわらず「都」も含め検討する。

とされている。これを見る限り、新潟県と新潟市が合体する、大阪都構想のミニチュア版のようにも見えるが、その形の検討については先送りされ、得体の知れないものとなっていた。

問題点はいっぱいあった。まず、第1に、記者発表の2カ月ほど前に行われた**新潟市長選挙のマニフェストに、新潟州構想についてまったく触れていなかった**ことだ。新潟市を解体して区に分割したいのであれば選挙の場で有権者に問うべきものだろう。新潟市が市町村合併してわずか6年弱なのに、なぜこの時期にそれも突然解体しなければならないのだろうか。

一方、大阪市は戦前から大都市だった。この点は名古屋市も同様で、大都市とそれを含む府県との権限争いもまた、当時から熾烈を極めていた。道州制の議論が沸き起こった一因も府県と大都市の争いだったということは前にも触れたとおりだ。だが、背景がまったく異なるにもかかわらず、大阪や愛知でやっているから新潟でも同じことを、という安易な発想で物事を進めてしまっていいのだろうか。

第2に、その大きな目的を県と市の二重行政の解消としているが、どこまで弊害があって、州になるとどうして問題が解決できるのかということがある。大阪でも愛知でも府県と市が作る施設が似通っていて、非効率だといった批判がされていた。

確かにそのような側面がないわけではないが、ちゃんと役割分担をして、また、立地なども考えればうまくやれる話である。県立図書館と市立図書館が2つあるのは非効率だと単純に切り捨てられるものではない。新潟市はせっかく大合併して政令市になり、ほとんどの仕事は市独自でできるようになったのに、**二重行政といわれるものの問題点が分かりやすく示されることはなかった。**

第3に、司令塔の一元化は何を招くかという問題がある。新潟州構想だけでなく、大阪都構想や中京都構想でも再三強調されているのが司令塔の一元化だ。知事と市長、2人も地域のリーダーはいらないということなのだろう。

見方を変えればそれだけ大都市と大都市を抱える府県はライバル関係、競合関係にあって、一元化したほうが分かりやすくリーダーシップが発揮しやすいということを主張しているのだろう。一見するととても分かりやすい主張かもしれないが、1人になれば**権力の過度の集中という批判**も出てくる。

第4に、新潟市の消滅を誰が望んでいるのかということがある。新潟州構想が実現すれば、新潟州なる新しい自治体が誕生することになるのだろうが、このことは**新潟市の消滅を意味する。**

新潟市域に3ないし4つの中核市と同等の権限を有する特別区を新たに設置するということになれば、せっかく市町村合併によって大都市の風格を醸成しつつある新潟市を分割することになってしまう。また、その名称も西新潟区、東新潟区といった、とても中途半端なもので甘んじなければいけなくなるだろう。

第5に**道州制そのものとどう違うのか**ということがある。名称だけを聞けば、新潟県が単独で道州を目指すものと思いがちではあるが、検討委員会でも市長がこの点を否定するなど、はっきりしなかった点が多かった。もともと道州制は府県合併の概念とは全く異なる。道州制とは何かということもあまり理解されていなかったのかもしれない。

結局のところ、道州制になって、新潟県が東北の一部になったら新潟市ではなく仙台市が州都となり、北関東では人口規模や交通の利便性などからさいたま市が州都になってしまうということを危惧しての提案だったのだろう。

そもそも道州制論というのはこの国の統治機構を大変革する改革であり、それだけに反対意見も強いが、州都がどこになるかということはあまり本質的な問題ではない。州都うんぬんで新潟だけで単独州を目指すというのであれば、それは余りにも志の低い考えということになる。

アメリカなど海外で連邦制を導入しているところも州都は人口規模が小さいところが少なくない。政治の中心と経済の中心は別のほうが上手くいくことが多いのだ。州都争いだけで物事を考えるのはあまりにも近視眼的だ。

▼雲散霧消した新潟州構想

おそらく新潟県民の中で、この構想の内容を理解していた人はほとんどいないだろう。支持率抜群の橋下徹大阪市長やメディア露出も多い河村たかし名古屋市長らと組んでいるので、きっと新潟にとっていいことになるのだろう、新潟もこれでメジャーの仲間入りだ、といったくらいの感覚で支持していた人がほとんどではなかったのだろうか。

私自身、この構想には当然反対だったが、昔、三重県で上司（知事）だった北川正恭氏（検討委員会の委員長）にくどかれ、しぶしぶ検討委員会のメンバーに入ったのだった。もちろん、言うべきことは言わせてもらうということで。委員会には知事、市長、経済人などがメンバーとして加わったが、私以外は特段異論を出すこともなかった。新潟の政治のツートップが入っていれば、なかなか自分の意見など言えるものではないのかもしれないが、これではアリバイ作りの委員会になるところだった。

結論ありきのような委員会の進め方に嫌気がさして、最後には辞表を提出したが、大阪や愛知での議論が徐々に失速し、また、道州制の議論も下火になったこともあって、注目度は低下していった。その後、二重行政の解消という観点での議論が中心となったようだが、県営住宅と市営住宅の管理のあり方など県と市のあり方そのものにはあまり影響を与えないような些細な事項ばかりがテーマとなっていた。

その後、県知事と新潟市長の関係にも隙間風が吹いたからなのか、結局この構想は事実上お蔵入りになったのである。そもそも、州という存在は法律上ないものだけに、国の法改正、それも憲法議論も含めて行わなければいけないような内容だったが、国は新潟の動きにはあまり関心を示さなかったのもまた事実だ。

大阪都構想は住民投票の結果、僅差で否決された。日本維新の会は２０１８年に再び住民投票を行いたい意向だが、先行きは不透明だ。ましてや、愛知県と名古屋市は事実上首長同士が仲たがいし、構想そのものはもはや消えてしまったといってもおかしくない状況だ。新潟州構想も同様に、雲散霧消してしまったのである。

新潟が陥りがちな危うい新潟モンロー主義がここでも顕在化し、大阪や愛知の動きに便乗して州構想というものが持ち上がったのだが、大した成果もあげないまま幕を閉じたのだった。

こんな心配も

▼災害が頻発する新潟

新潟州構想はまさに新潟モンロー主義が生み出したものだったが、新潟で心配なことはこれだけではない。ここでまず触れておかなければいけないのが災害のことだ。２００４年の**新潟県中**

越地震、２００７年の新潟県中越沖地震、そして２０１１年の東日本大震災と21世紀に入って三度大きな地震に襲われた。

１９６４年の新潟地震では公営住宅が倒れるなど、日本で初めて液状化現象が認知されたことでも有名だ。地震災害に対しては、これからも万全の備えをしていかなければならないが、もう一つ気に留めておかなければいけないことがある。それは水害の怖さだ。

最近では２００４年の平成16年新潟・福島豪雨と２０１１年の平成23年新潟・福島豪雨が記憶に新しい。ともに7月で梅雨前線の北上などによって大雨に見舞われたのだった。特に２００４年には信濃川水系の五十嵐川、刈谷田川、中之島川の堤防が11カ所で決壊し、五十嵐川流域の三条市と刈谷田川流域の旧中之島町を中心に広範囲で浸水被害が発生した。

三条市など県内だけで死者15人、特に高齢者が逃げ遅れて自宅で溺れ死ぬなど痛ましい被害を出し、その復旧に多くの時間と費用を要したのだった。

実は水害は新潟の発展にとって大きな阻害要因となってきた。このことは将来にわたっても警戒しなければならないだろう。新潟県が人口日本1の座から陥落する頃、他県は工業化を推し進めたのに対して、新潟県はその流れに乗ることが出来なかった。

それは明治20年代から30年代にかけて県の予算の多くの部分を農地の災害復旧に充てなければならなかったからだ。まさに水との戦いである。明治29年（１８９６年）7月に信濃川が破堤して新潟市や西蒲原郡一帯に未曾有の大被害を与えた。翌30年、31年にも大洪水が県内を襲い、国と県は抜本的な治水事業の策定に迫られ、このことが大河津分水工事につながったのだ。

当然のことながら膨大な治水費は新潟県の財政に大きな負担を強いることとなった。大水害が起きた3カ年の新潟県予算に占める土木関係費の割合は70%を超え、特に明治30年（1897年）には8割にも及んだのだった。他県が工場を建設し、大学や高校を作って近代化に備えようとしていた時に、**新潟県は災害復旧に追われてしまった**のである。この影響は今日まで続いている面が少なからずあるのだ。

結果として他県の多くが農業県から脱却していったのに対して、**新潟県は戦後も農業立県から脱却することなく現在に至っている**。農業はもちろん重要な産業ではあるが、水害の歴史は新潟県の産業構造にも大きな影響を与えているのだ。ちなみに新潟県には全国で唯一農地部という部がある。これもこのような歴史の産物ともいえるだろう。

また、**越後平野のゼロメートル地帯は関東平野を凌ぐ広さ**だ。いたるところにマイナス表示の標高が示されている。新潟が新しい潟ということからすれば当然のことではあるが、1998年のいわゆる8・4水害では新潟駅周辺も冠水した。あれからもうすぐ20年になる。新潟市内では至る所で浸水し、多くの家屋や車に被害が出たのである。

温暖化が進み、気候の変動が激化している。全国各地で毎年のようにゲリラ豪雨などで水害が頻発している。新潟の場合、7月中下旬から8月上旬のいわゆる梅雨末期に梅雨前線が北上して大雨に見舞われることが多いのだ。

ゼロメートル地帯が多いことは新潟のアキレス腱になりかねないのである。災害は忘れたころにやってくるともいわれるが、水害の記憶が徐々に薄れている今こそ、しっかりとした備えを心がけるべきなのだ。

▼新潟駅のリニューアルは遅れに遅れ……

新潟州構想の不毛な議論に明け暮れていた2012年の春、新潟駅連続立体交差事業の遅れが明らかになった。当初は2013年度に羽越本線のホームを高架とし、新幹線との乗り換えを容易にするはずだったが、事業完成が6年程度遅れてしまうことをようやく明らかにしたのだった。駅はまちの顔である。まちの顔のリニューアルが遅れていて、拠点性の向上など土台無理な話だ。結局、州構想を議論し続けてきた時間は無駄だったのである。2015年度には連続立体交差事業は完成するはずだったが、今の段階では羽越本線の高架は2018年度中に、また、全体は2021年度以降に完成する予定となっている。

東日本大震災に伴う建設資材の高騰、人手不足、さらには用地買収の遅れなどさまざまな要因があって遅れてしまったということであるが、通常6年も遅れたら責任問題だろう。新潟州構想など議論している時間はなかったのである。

誰も責任を取らないのも不思議な感じがするが、周辺県の県庁所在市の駅をみると完全に新潟駅は後塵を拝しているのだ。

リニューアルが待たれる新潟駅

北陸新幹線の開業よりもかなり前から金沢駅はリニューアルされている。終点を最初に整備して後戻りさせないようにするという思惑があったのかどうかは分からないが、北陸新幹線開業を見越して、早々に整備を進め、１９９１年には駅の高架化がすでに終了し、駅前のもてなしドームと鼓門と呼ばれる施設は２００５年に完成していたのだ。

富山駅も新幹線開業に合わせてリニューアルが行われ、コンパクトシティの象徴でもあるＬＲＴは駅に乗り入れた。長野駅は長野新幹線開業の１９９８年にはすでに新しい建物になっていたが、２０１５年の北陸新幹線金沢延伸に伴い、大庇と列柱を特徴とする、新駅ビルと一体的に建設された5代目駅舎に建て替えられた。

高崎駅も駅ビルはリニューアルされた。大宮駅もエキナカがますます充実している。ＪＲ東日本の新幹線が停まる主要駅で、これだけ整備が遅れているのは新潟駅くらいだ。近県で軒並みまちの顔がリフレッシュされているのに対して、新潟駅は新幹線同様、中古状態が続いている。正直、残念な話である。

新潟県ではこれまで見てきたように、３度大きな地震に見舞われ、また、２０１１年以降、新潟州構想の議論が行われてきた。災害復興という大きな課題に取り組んできたため、やむを得ない側面があるのは事実だが、この10年余りの間は、まさに**新潟版失われた10年**となってきたのではないだろうか。他県が着実に力をつけていく中で、新潟県が取り残されてきたのではないか。明治期中盤に水害で出遅れたようなことを二度と繰り返してはいけないのである。

だが、嘆いてばかりでは何も生まれない。課題、問題点は山積ではあるが、その一方で、**新潟のお宝はいっぱいだ**。まだまだ宝の持ち腐れとなっている感は否めない。見方を変えれば磨き方、情報の発信の仕方を工夫すれば、**全国の、そして全世界の注目を集める潜在力**を秘めているものが満載なのだ。

ここまで新潟を象徴するような課題、問題点を敢えて厳しめに紹介してきたが、反省なくして真の逆襲はあり得ないのだ。

今こそ反撃の狼煙を上げる時である。新潟の逆襲はこれからだ。

第3章

実は隠れたお宝がいっぱい、それが新潟の実力だ！

新潟県は枝豆県？

▼越後三白を超えて

これまで新潟県の気になる点、課題に触れてきた。ヨソモノ目線で長いこと新潟県のことを見つめてきたが、本当に大丈夫か、と思うことは少なからずあった。

だが、大丈夫か、と思うことよりも、こんないいものがあるのに、こんな個性があるのに何でもっと上手く活用しないのかと歯がゆい思いを抱くことのほうがはるかに多かった。そう、新潟には隠れたお宝がいっぱいなのである。まさに新潟は宝島なのだ。

東京、福岡、茨城、北海道、岐阜、埼玉、香川、千葉、三重、そして新潟と10都道県で生活をしてきた中で、これほど個性豊かなお宝に恵まれたところは他にないと思っていた。それにもかかわらず、それにあまり光が当たらなかったのは、わざわざそんなことをしなくても全国的に有名なスーパースターがいくつもあるので大丈夫、という過信を多くの県民が抱いていたからではないだろうか。

新潟のお宝といえば、**米、酒、雪のいわゆる「越後三白」**にばかり注目が集まっていた。だが、その地位に安穏としてはいられないことについては、すでに述べた通りである。ちなみに越後三白とは香川の讃岐三白（特産品の綿・砂糖・塩のこと、綿の代わりに米が入ることもある）にひっかけて私が考えたものだ。

コシヒカリに代表される新潟米に対しては全国各地の新品種米が追随し、淡麗辛口の新潟清酒も全国新酒鑑評会などでは苦戦が続く。スキー場もレジャー志向の変化、温暖化などによって利用客数はピークに比べると大幅に減少している。今こそ、発想を転換すべき時なのだ。そう、越後三白を超える宝さがしをしようではないか！

▼日本一枝豆を愛する新潟県人

新潟の隠れたお宝の筆頭が枝豆だ。誰が何といようと最強のお宝である。その凄さは家計調査の結果にすべて表れているのだ。家計調査では県庁所在市や政令市を対象にさまざまな食べ物の購入額や購入量を調べているが、新潟市は枝豆がメインの品目となっているさやまめの項目で毎年断トツのトップを走り続けている。

例えば2013年から2015年までの3カ年平均では全国平均が2227gだったのに対して、新潟市は7035gと3倍以上の購入量だ。2位の秋田市が4258gなのでその差は半端なものではない。3位の東京都区部でも3531gで新潟市の半分くらいしか買っていない。

家計調査の結果はケンミンショーなどでも話題になるが、これくらい圧倒的な差をつけているものはそう多くはない。

家計調査の結果が食によるまちづくりの先駆けともなった宇都宮市の餃子では、せいぜい全国平均の倍程度の購入額だ。それと比べても新潟市の枝豆の購入量が凄いことはよくわかるだろう。

ちなみに、多くのメディアなどでは単年度の結果だけで大騒ぎになるが、家計調査はいわゆるサンプル調査であって全員に聞いているわけではない。しかも回答を拒否する家計も少なくないため、その精度は他の公的な統計調査に比べても必ずしも高くない。項目によっては年ごとに順位が大きく変動するものがあることに留意する必要がある。

結局のところ、単年度だけで一喜一憂するのではなく、少し長いスパンでデータを観察すべきなのだ。長年の家計調査の結果を見る限り、新潟市のさやまめについてはその凄さはまさに折り紙付きである。

さやまめの購入量について、全国平均を50とする偏差値化で比較すれば、新潟市の偏差値は優に100を超える。これは信じられない値だ。

通常偏差値といっても80を超えることすらまれだろう。100を超えるということは明らかに断トツであり、他ではあり得ないということを示しているのだ。さらに言えば、新潟市に限らず、枝豆は新潟の食文化としてしっかり根付いているということはデータを示さなくても分かるだろう。

新潟県民ならおなじみの、食卓に大きな笊《ざる》に山盛りになった茹でたての枝豆、だが、この光景は他県ではまずもって見られないものだ。私も教え子にその話を聞いて、何それ?と驚いたことを覚えている。しかも、酒のおつまみだけでなく、お茶受けに、おやつに、本当に新潟の人々は枝豆をよく食べるのだ。

新潟県民の枝豆好きの凄さに関して、私が最初に衝撃を受けたのは、あるスーパーでの光景だった。夏場には当然さまざまな枝豆が山積みになって売られている。それはそれで理解できたのだが、驚いたのが枝豆の試食、それも複数の生産者の枝豆が並べられて、自分好みのものを選べるのだ。こんな光景はよそではまず見かけない。まさに新潟県民の枝豆へのこだわりがよくわかる。

▼新潟の枝豆、何がそんなに凄いのか

新潟の枝豆、何がそんなに凄いのだろうか。家計調査の結果についてはすでに述べたところで

はある。このデータからだけでも県民に愛されていることは間違いない。

また、2014年の農業生産出荷統計によれば、枝豆の**作付面積**は山形県を抑えて全国1位、**収穫量**は千葉県、山形県に次いで全国3位、**出荷量**は全国6位、**産出額**は千葉県に次いで全国2位となっている。

これらのランキングから見えてくることがある。それは、新潟県の枝豆農家は小規模のところが他県よりも多く、枝豆の単価はそれなりに高いものの出荷の割合が少ない。

つまり農家が収穫した枝豆をすべて販売するわけではなく、自家消費や親戚、知人に配ってしまうことが多いため、**あまり県外には出回らない**ということなのだ。そう、新潟県民は新潟の枝豆が日本一美味しいことをよくわかっているのだ。

新潟の枝豆の凄さはそれだけではない。1年の半分を枝豆に囲まれて暮らしているのだ。

まさにデカンショデカンショで半年暮らすではないが、5月から10月まで枝豆を食べ続けているのである。5月の連休明けにはビニールハウスで育った早生の**弥彦むすめ**が市場に出荷される。実の大きい早生の枝豆の後には、7月下旬くらいから八分くらいの実入りの新潟茶豆が出荷される。まさに新潟の夏、枝豆の夏となる。その代表格が**黒埼茶豆**だ。

そして9月から10月にかけて**丹波黒豆**、**肴豆**といった晩生の枝豆が出回り、新潟の枝豆の季節も終わりを迎える。こんなに長い期間、枝豆を食べ続ける地域は新潟をおいて他にはない。他の地域では、せいぜい7月下旬から9月上旬くらいまでで、あとは食べるとしても冷凍物というのが一般的だ。

新潟の枝豆の種類は40を超える。弥彦むすめ、おつな姫、湯上がり娘、月夜音、味風香、新潟娘、新小平方茶豆、晩酌5号、黒埼茶豆、雪音、一寸法師、肴豆、黒豆など個性的な名前がずらりと並ぶ。名前からも新潟県民の枝豆愛が感じられるのだ。

▼世界を目指せ、新潟の枝豆

こんなに凄い新潟の枝豆、なぜ首都圏では認知度が低いのだろうか。東京などで枝豆と聞けば多くの人は山形県鶴岡地方特産のだだちゃ豆と答えるだろう。残念ながら首都圏のスーパーで新潟の茶豆が並ぶことはあまり多くない。

いくら美味しくても、知られてなければないのと一緒、というのはグルメ界ではあまりにも有名なフレーズである。

首都圏で残念ながらブランドとして十分認知されていないのにはいくつかの理由がある。まず、新潟県内での消費が多いため、結果として首都圏に出荷できる量に限りがあるということがある。これは裏を返せば、それだけ美味しい枝豆が県民に愛されているということであり、もっと新潟に観光客を誘致するためのツールとして活用していくことは可能だろう。

第2に、新潟の主力農産品である米に比べると手間がかかるということが挙げられる。米のほうが3分の1ほどの労働力で同程度の収入が得られるとのデータもある。また、朝採りを原則としているため、労働条件が厳しいということもあって、なかなか枝豆の増産に踏み切れないという実情もある。

そして、何よりも他県が新潟県に先駆けてブランド戦略を着実に実行しているということが大きく水をあけられている原因となっている。例えば枝豆に関して首都圏のナンバー1ブランドとなっている山形県は、2014年には作付面積、収穫量、出荷量とも全国2位だった。

1995年頃まではいずれも新潟県の半分以下だったが、ブランド化とともに増加傾向にあり、作付面積以外ではすべて新潟県を上回っている。組織的な作付け奨励や首都圏をターゲットにした販売・広報戦略が功を奏したということである。また、同様の傾向は新潟に次ぐ枝豆好きで知られる秋田県でも見られる。

枝豆の強みは世界中の人に愛される可能性のある食べ物ということだ。2013年の1~11月に海外でインターネットの検索サイト・グーグルを使って調べられた和食のキーワードで、すしに次いで2番目に多かったのは枝豆だったとの報道がまさにこのことを示している。

グーグルでは、外国人が日本の居酒屋のお通しや海外の和食レストランで食べて興味を持ち、じわじわと人気が出たのではないかと推測しているが、大豆はどの宗教に属している人でも食べられる普遍的な食材である。**インバウンド推進の強い武器**としても枝豆は活用できる頼もしい存在なのだ。

▼新潟県の地図をよくよく見てみれば

新潟の枝豆をブランド化するためには、出荷量の増加を図るよう、農家に働きかけるとともに、ブランド戦略やインターネットなどを活用した情報発信、さらには海外輸出への取り組みなどさまざまな仕掛けが必要になる。

新潟県や市町村、JAなどさまざまな団体がコラボして、それこそ**枝豆戦略本部を作る**くらいの意気込みが求められている。

行政にばかり頼り過ぎても、武士の商法になりかねないが、実はすでに新潟県で個性的かつ光り輝く企画が行われていることは注目に値するだろう。これは、新潟県農林水産部食品・流通課とJA全農にいがた園芸部青果販売課が連携して作成した**新潟枝豆読本**である。

その表紙が次頁の図である。私も新潟県はえだまめ県だといろいろなところで言ってきたが、それは新潟県民が日本一枝豆好きだからという理由だけだった。だが、この図を初めて見た瞬間、これだ！と思わず叫んでしまったのである。

そう、新潟県の地図をよくよく見てみれば、なんとえだまめの形に見えてくるのだ。上越、中越、下越が3つの房で、豆が一つ飛びだしたのが佐渡島というのは何ともユーモアに富んでいるではないか。

香川県がうどん県として、大分県がおんせん県としてイメージアップ戦略を展開している時代である。**新潟《えだまめ》県と表記**してみるのも一案ではないだろうか。

この読本については一応県のＨＰに掲載されてはいるが目立ったところに置かれているわけではない。残念ながら、これまでの新潟県はこういうアイデアを積極的に取り上げてこなかった。県のＨＰのトップの右肩にこの図を掲載するくらいのことをすればとも思うが、お役所的には米や酒もあるからバランスが取れないというのだろう。だが、尖ったことをやらなければ地域間競争には勝ち抜けない時代であることだけは間違いない。

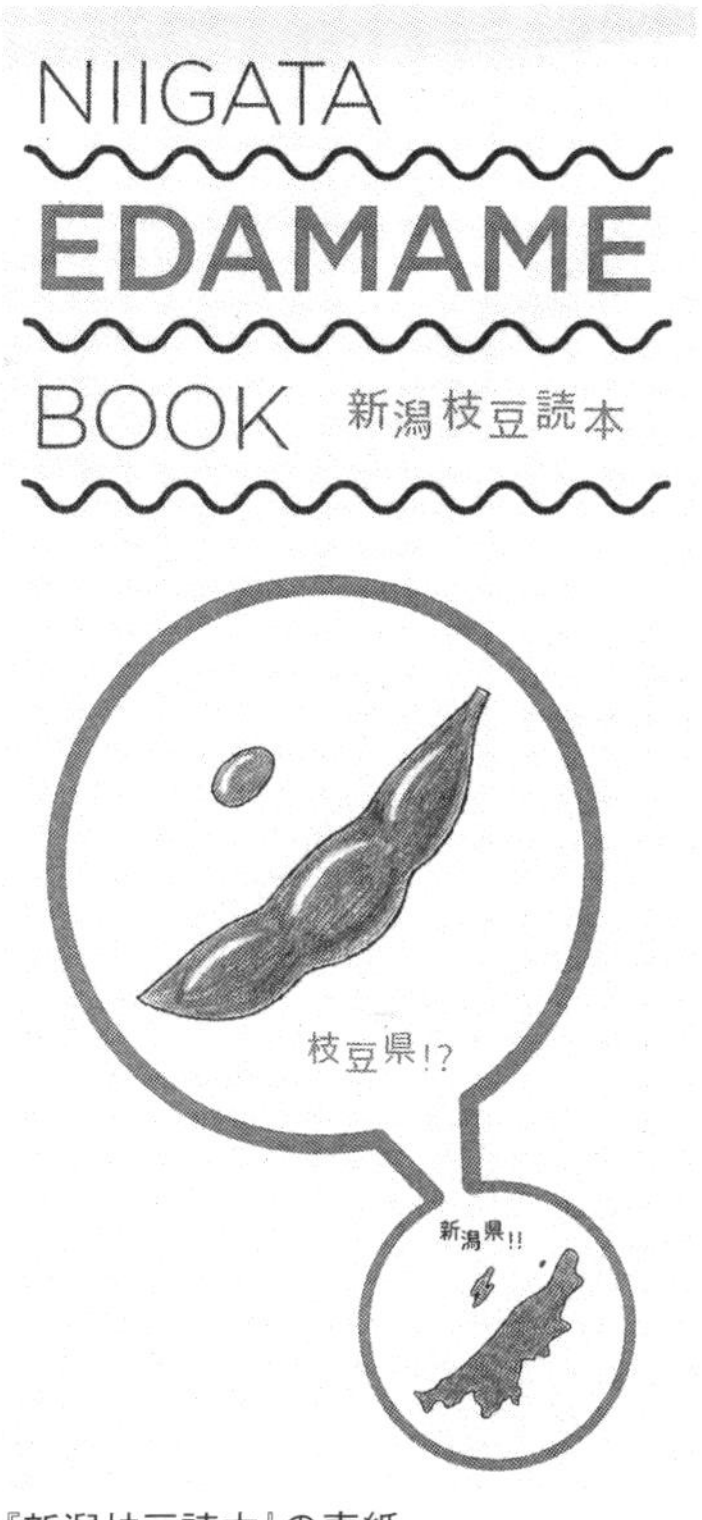

『新潟枝豆読本』の表紙。
イラストに注目

新潟県は野菜王国だ！

▼枝豆だけじゃない、新潟の野菜好き

新潟のキラーコンテンツは枝豆だけではない。家計調査で見ると**新潟市民**は特に野菜をいっぱい買っていることがよくわかる。**日本一の野菜好き**といってもいいだろう。例えば**生鮮野菜の購入量**は2007年から2009年まで、2010年から2012年まで、そして2013年から2015年までのそれぞれの3カ年平均で常に1位を占めている。

さやまめももちろん3回（9年間）ともトップだが、根菜、他の野菜（さやまめも含まれている）も同様にトップを続けている。

このほか、70頁の表のように、トマト（1位、3位、1位）、なす（1位、5位、1位）、かぼちゃ（1位、1位、10位）、じゃがいも（1位、2位、2位）、さといも（2位、5位、1位）、だいこん（5位、2位、1位）、れんこん（1位、4位、2位）、たけのこ（1位、3位、2位）など多くの野菜が全国上位を占めている。

トマトは桃太郎が主力品種で、なすは後で述べるようにバラエティに富んでいる。かぼちゃやじゃがいも、れんこん、たけのこは生産量自体は多くなく、郷土料理などで愛されていることが

分かる。

さといもといえば五泉の**帛乙女**《きぬおとめ》が有名だ。きめ細かな白肌と独特のぬめりで、のっぺなどにも使われる。いずれにしても新潟県の野菜に関しては、作付面積の順位よりも外に出す生産量の順位のほうが下回っているのがほとんどだ。

それだけ贅沢に作っていることの裏返しであり、また、自家消費が多い、すなわち、新潟野菜は美味しくて外に出すのが惜しいという農家の本音が見え隠れするのだ。

ちなみに果物でも、特産のすいかは3回とも1位、梨（3位、3位、2位）やグレープフルーツ（1位、4位、3位）がトップクラス、このほか、みかん、桃、メロン、いちごも上位だ。

なぜ、こんなに新潟市民は野菜を買うのだろうか。新潟市が田園型政令指定都市を標榜しているように、周辺に多くの田畑があることも一因だろう。だが、やはり新潟では野菜を使った郷土料理が多いことに表れているように、新潟人がとにもかくにも、野菜そのものが大好きだからということに尽きるのだろう。

新潟のスーパーでは枝豆も含め、野菜がひときわ存在感を示している。新潟こそ日本一の野菜王国なのだ。

▼なすの種類の多さにびっくり

このように野菜が大好きなのは新潟市民に限った話ではない。長岡市でも**長岡野菜**として野菜

表　新潟市の野菜購入量の順位

新潟市	07-09 年	10-12 年	13-15 年
生鮮野菜	1	1	1
根菜	1	1	1
じゃがいも	1	2	2
さといも	2	5	1
だいこん	5	2	1
にんじん	2	4	4
他の野菜	1	1	1
さやまめ	1	1	1
かぼちゃ	1	1	10
なす	1	5	1
トマト	1	3	1

出典：総務省「家計調査」

なすの種類も多い

の豊富さをＰＲしている。豪雪、年間を通じた高い湿度、夏の高温、信濃川が作った肥沃な土壌といった気候風土の中で育った長岡野菜は独特な食感・風味を持つことが知られている。なすや枝豆のほか、神楽南蛮、ずいき、体菜、雪大根など16種類が指定されている。

この中でも、やはりなすの種類の多さは新潟自慢の一つといっていいだろう。新潟県内になすは20種類ほどあるといわれている。出荷は6月から10月と枝豆に重なる。新潟の夏の風物詩は茹でた枝豆となすの浅漬けだ。新潟のこのツートップを活かさない手はないだろう。

新潟県内のなすの作付面積は２０１４年で全国1、それにもかかわらず収穫量は11位、出荷量は21位と低い。これは一大生産地でビニール栽培が多い高知県などと比べて露地栽培が多く、また、枝豆以上に自家消費が多いことの表れだ。

県内のなすは、**十全なす**、**巾着なす**、**丸なす**、**やきなす**、**長卵形なす**といったように分類され、具体的には**深雪なす**、**長岡巾着なす**、**魚沼巾着なす**、**越の丸なす**、**梵天丸なす**、**やきなす**、**梨なす**、**えんぴつなす**、**白なす**、**緑なす**などがある。

なすの楽しみ方もさまざまだ。浅漬け、みそ漬け、焼きなす、蒸かしなす、煮付けなすなど、ぞれぞれの用途にあった種類があるのも頼もしい限りだ。特に十全なすの浅漬けは一番人気といってもいいだろう。

やきなすという名前の種類のなすには新潟人のユーモアが感じられるのは私だけだろうか。これは昭和30年代にえんぴつなすを改良して誕生したもので、大きさは最大30センチほど。

名前の由来が、焼いて食べたら美味しかったからというのが何とも微笑ましい。このエピソードは意外と県内でも知られていないようだ。実際、新潟市の木崎地区の数件の農家だけで作られる門外不出の、これもまた新潟のキラーコンテンツの一つだ。

▼野菜がふんだんに入った郷土料理

これらの野菜をフルに使っているのが郷土料理の**のっぺ**だ。各地で個性に溢れたのっぺが味わえる。かつてはお盆やお正月、お祭りや冠婚葬祭などで食べるごちそうで、冬は暖かく、夏は冷やして食べるのが一般的だ。貝柱や鮭など出汁が出る食材とさといもを入れ、野菜は小さく角切りで、こんにゃく、干し椎茸やれんこん、だいこんやにんじんなどさまざまなものが入る。

のっぺには地域によって名称や中身が異なるといった特徴もある。例えば**村上市朝日地区**では海のように大きな鍋で作るところから、大海（だいかい）と呼ばれている。

佐渡市舞浜地区ではおおびら汁と呼ばれ、焼き豆腐、にんじん、こんにゃくが必ず使われている。

糸魚川市ではこくしょと呼ばれ、かたくり粉でとろみをつけている。

新発田市では小煮ものといわれ、材料は拍子切りか短冊切りで、品数は縁起を担ぎ奇数にしている。

一方、**上越市三和区**ではのっぺいと呼ばれ、だいこんや姫筍が使われ、**新潟市北区**では長もやしが入れられ、だしはかつお節からとることが多い。

さきほどの家計調査の結果を見ればわかるように、のっぺに使う野菜はどれも全国上位を占めている。データからものっぺが新潟人に愛されていることがよく分かるのだ。全国各地に郷土料理はあるが、健康面からも味の面からも一番バランスのとれているのがのっぺではないだろうか。

冬場の野菜不足解消に作られる家庭料理で**煮菜**（にいな、にな）も有名だ。これは文字通り、菜っ葉を煮たもので、普通の煮物と違うところは、1度塩漬けした塩菜っ葉を使用することである。野沢菜、又は体菜（たいな）、冬菜等、塩漬けした菜っ葉と「打ち豆」を入れて作ることが基本で、家によって油揚げ、にんじんやだいこんを入れることもあれば、粕を入れてコクを出したりとさまざまだ。

南魚沼市など**魚沼地方**の郷土料理として最近注目を集めているのが**きりざい**だ。きりは切ること、ざいは野菜の菜のことで、納豆に具材を入れたシンプルな料理だ。

野菜を細かく切って納豆に混ぜ合わせるが、野沢菜やたくあんなどの漬物や余った野菜を入れるのが特徴だ。ゴマや刻みのり、鮭やいくら、家によってはツナ缶を入れるところもある。まさに家々によって好みが分かれるもので、そのままご飯にのせて食べるが、生卵を入れてきりざい丼として出されることもある。

今ではご当地グルメとしてまちおこしにも一役買っている優れものだ。活動の中心は**南魚沼きりざいDE愛隊**だ。その凄さに気づいたのが、市外から嫁いできたお嫁さんというのも、ご当地グルメがいかに地元では当たり前すぎてしまって気づきにくいかということを象徴している。

このほか、新潟の夏の風物詩として忘れてはいけないのが**クジラ汁**だ。クジラの皮つきの塩漬けした脂身と夏野菜の味噌汁で、特になすがクジラの脂をほどよく吸ってくれる。熱々のクジラ汁は夏バテ予防に欠かせない一品だ。新潟人はこんなに野菜豊富な郷土料理で育っているのだ。

▼新潟野菜を世界標準に

新潟の野菜は美味しすぎて、県外にあまり出ていかないため全国的な知名度は必ずしも高くない。

新潟県民にとっては、それはそれで幸せなことではあるが、新潟が全国に逆襲するためには、枝豆をはじめとした**野菜の凄さをもっと発信すべき**ではないだろうか。地方創生が叫ばれる中、地域活性化はこれまで以上に喫緊の課題となっている。

例えば熊本県経済連は、「野菜王国くまもと」とPRしている。野菜の生産高については全国的に見て多いが、地元での野菜の愛され方は新潟ほどではない。

家計調査の結果からも明らかなように新潟では野菜が全国1愛されている。種類の豊富さとその美味しさもあって、堂々の日本1の野菜王国なのである。日本の食のレベルは和食がユネスコ無形文化遺産に登録されたことからも分かるように、世界のトップクラスと認められている。そう、新潟は日本1どころか世界1の野菜王国と称しても冠に偽りなし、となるのだ。

また、**山菜**に関しても他県に負けないものを持っている。里山から雪深い越後の山々まで、各地に山菜が豊富なこともあって、他県以上に採れる時期が長いのも特徴だ。実際、春先になると真っ先に新潟の山菜を荒らしに来る他県人がいる。マナーがちょっと悪いのは困ったものだが、新潟の山菜の種類が豊富なことや味が優れていることは他県の山菜好きにはたまらない魅力のようだ。

スローフード運動発祥の地でもあるイタリアでは、ご当地の野菜が料理にふんだんに使われている。その意味では世界一の野菜王国はイタリアなのかもしれないが、新潟の野菜好きはこれに匹敵するものだ。

イタリア料理といえばオリーブオイルをたっぷり使っているというイメージが強いが、新潟の料理は野菜の旨みを最大限生かしたものが多い。**十全なすの浅漬け**などはまさに日本版ピクルスだ。イタリア料理をはじめとする西洋料理と新潟の料理を見比べてみると新たな発見も出てくるだろう。

県内でも、新潟野菜をふんだんに使ったイタリアンなどが増えている。新潟県で初めての野菜ソムリエ、木村正晃氏は越後系イタリアン研究家として、村上市を中心に活動を広げている。木村氏の後に続く料理人も続々誕生している。新潟野菜の未来は明るいのだ。

世界的な健康志向の高まりもあって、野菜は食材として高い人気を誇っている。世界1の野菜王国新潟をキャッチフレーズに、新潟県民がこれまで以上に新潟の野菜を食べ続けることで新潟

「のっぺ」は地域色豊か

他県人もうらやむ山菜

の食文化を大切に守り、行政やＪＡなどが新規営農者を増やす取り組みを進めれば、新潟野菜は世界標準になるだろう。

まだまだあるぞ、新潟が誇る食のお宝

▼中越地方が誇るご当地の味

新潟には全国に誇る食文化が各地に残っている。それも特に中越地方には個性的な食のお宝が盛りだくさんだ。

その中の筆頭はやはり盛りが自慢のへぎそばだろう。**へぎそば**は小千谷市や十日町市など魚沼地方発祥のそばだ。へぎというのは元々剝ぐという言葉がなまったものだ。木を剥いだ板を折敷にしたもので、へぎという器に盛られたそばである。

最大の特徴は弾力性に富んだ食感とその喉越しの良さだろう。これはつなぎに海藻の布海苔《ふのり》をつかっているからだ。魚沼地方は昔から織物が産地で、布海苔は織物の糸につけると強度が増して切れにくくなるので、仕上げに使われていた。これをつなぎに使ったことで美味しいそばが誕生したのである。まさに地域の産業が食文化を作り出した一例である。

元々は魚沼地方にはわさびが取れなかったので、老舗のお店などでは辛子が薬味で出されることもある。もちろん、今ではわさびも容易に入手できるようになったため、辛子とわさびを選ぶことができる。何とも贅沢なことではないか。

南魚沼市がきりざいなら**魚沼市**は**生モツ文化**が息づいている。ホルモンといえば関西だろうと多くの人が考えるが、東日本にもご当地ホルモンともいうべき食文化がいくつか見受けられる。そのうちの一つが魚沼市に存在するのだ。

魚沼市で、バーベキューや焼肉という場合、モツ焼きということになるのだ。安くて美味しいモツを夏のスタミナ食として好んで食べるわけである。実際、肉屋などに「生モツ」ののぼりを見かけるのは珍しいことではない。もちろん、市内に屠殺場があって、新鮮な生モツが入手しやすいということが大きな要因とはなっているが、なぜ、これだけソウルフードとして定着しているのだろうか。

実はこの件で私は某局の取材に同行したことがある。魚沼市の肉屋には生モツが他の肉と同じくらい並んでいるといっても過言ではなかった。生モツを売りにする焼き肉店もある。話を聞くと、戦後の電源開発で魚沼地方にダムの建設が進められた。そのため、県外から多くの労働者が入って工事に当たっていたが、休日になると川で豚の内臓を洗って、河原で生モツを焼いて食べている人がいたということである。

関西方面からの労働者だったようで、それを見ていた地元の人も見よう見まねで生モツ焼きをするようになり、地元に定着したとのことだった。ちなみに現知事の実家は地元でも有名な肉屋で、私もそこに行ったことがある。

セイジロー肉店で、店内では、味つけもつ、洗いもつ、洗わないもつと分けて書かれ、それぞれ一腹、半腹という普通では考えられないような量の単位で売られているのだ。これを見たときは、さすがにびっくりしてしまった。関西でも果たしてこのような売り方をしている店はどれくらいあるのだろうか。これもまた、新潟の隠れたお宝の一つである。


長岡市の旧山古志村が発祥の地といわれているのが**かぐらなんばん**だ。漢字では神楽南蛮と書く。しわのよったゴツゴツとした形をしていて、その形が神楽面に似ていることから、かぐらの名がついたといわれている。

戦国時代の頃に日本に渡来し、山古志では昔から自家用野菜として栽培されてきた。ピーマンよりちょっと小さい太った唐辛子で、肉厚でピリリとした爽やかな辛みが特徴だ。タカノツメとは異なり、特に辛いのは種とその周辺である。

旬は7月中旬~9月下旬で山古志の夏の暑さや寒暖の差という気候条件が辛さの素といわれている。調理方法は幅広く、塩もみ、素揚げ、みそ焼きのほか、しょうゆ漬け、みそ漬けなどでも多く販売されている。

実は、新潟県人は辛いものも大好きなようだ。妙高市には地元産の唐辛子に糀、柚子、食塩などを入れ、雪晒しするなどして3年間かけて熟成させる**かんずり**という調味料がある。有限会社かんずりが商標登録しているもので、漢字で書くと寒造里ということになる。

鍋や味噌汁、ラーメンなどさまざまな料理に使われる万能調味料で、西の柚子胡椒、東のかんずりと称されることもあるようだ。

このほか、家計調査では**新潟市のカレールーの購入量**は毎回上位となっている。冬場が寒いからこそ体の中から温めてくれる辛味の調味料が重宝されるのだろう。

きんぴら団子は中越から下越で愛される、新潟の原風景とだぶるご当地の味だ。きんぴらと団子という一見するとミスマッチの組み合わせが絶妙な味わいなのだ。甘辛く煮たきんぴらが入った手作り団子で、昔の農作業の合間に食べる軽食として誕生したといわれている。ツルッとした皮生地に餡ではなく、きんぴらが入っているので、軽いご飯代わりとして食べられていたようだ。これも新潟の隠れたお宝だ。

▼日本一のドリンクヨーグルト、ヤスダヨーグルト

新潟が誇るドリンクとして忘れてはいけないのが**ヤスダヨーグルト**だ。家計調査の結果でも、新潟市はトップクラスではないがヨーグルトの購入額については比較的上位となっている（16位：7位：6位）。

牛肉（43位：51位：52位）の購入量は最下位レベルで、バターやチーズの購入量もあまり多くはない中で、ひとり気をはいているのが、阿賀野市のヤスダヨーグルトだ。

今から30年前、１９８７年に酪農家９名が安田牛乳加工処理組合を設立してヤスダヨーグルトを販売したのがスタートだった。２年後には有限会社となり現在に至っている。阿賀野市や新潟駅構内にショップを設けるとともに、首都圏でその存在感を増している。

例えば、埼玉県で大きく売り上げを伸ばしているスーパー、ヤオコーのＰＢ商品として店頭を賑わせているほか、イオンやクイーンズ伊勢丹などでも販売されている。

ヤスダヨーグルトの凄さは何といってもドリンクタイプの飲むヨーグルトの種類の多さだ。プレーンをはじめ、すきっとゆず、無花果、越後姫（いちご）、ブルーベリー、すきっとレモン、蜜柑（みかん）、脂肪ゼロ、林檎と季節限定商品を含めれば**９種類**も揃っている。

全国各地を仕事で行き来するたびに、ご当地ヨーグルトを探しているが、たいてい２，３種類というのが関の山だ。私の知る限り、９種類というのは空前絶後、大手の乳飲料メーカーをも凌ぐ品揃えだ。

ヤスダヨーグルトは、種類だけでなく、もちろん、味の面でも日本一のヨーグルトと言って過言ではない。そしてフローズンヨーグルトやソフトクリームの美味しさでも天下一品だ。

新潟駅構内のショップをのぞけば、夕方に中高生で溢れているのは当然としても、日中、出張帰りと思しきサラリーマンが数多く買い食いしている光景を目にするのだ。知る人ぞ知る新潟の逸品となっていることは誰の目から見ても明らかだ。

最近では、これにとどまらず、地酒の白瀧酒造とコラボして、一味違う新感覚の和風リキュール、ウシッシュも販売している。まさにコラボの力である。

ヨーグルトといえば、ブルガリアヨーグルトやカスピ海ヨーグルトなど長寿の証、あるいは健康の象徴として、注目を集めている食品だ。個人的には新潟の特産、ルレクチェや野菜とのさらなるコラボも期待したいところだ。

阿賀野市が誇るご当地ドリンクはヤスダヨーグルトだけではない。スワンレークビールや結婚式場の五十嵐邸ガーデンを運営する天朝閣グループは、東京進出を果たした新潟の期待の企業だ。世界最高峰のワールドビールカップで、日本のビールとして初めて金賞を受賞したのが**スワンレークビール**だ。その後もさまざまなコンクールで金賞などを受賞し、日本の地ビールのトップランナーとして存在感を示している。

すでに、東京駅八重洲口などに出店し、新潟のアンテナショップとしての役目も果たしているのだ。このような民間の動きをもっと行政がサポートすることで、東京での新潟のステータスはさらに上がっていくだろう。

▼尽きない食の宝庫

新潟の食の話だけで何冊も本がかけるくらい話題がいっぱいだ。

新潟市民や長岡市民ならだれでも知っているイタリアン、新潟市が**みかづき**、長岡市が**フレンド**と異なるローカルチェーンというのも県外人から見ると何とも不思議な光景だ。新潟は他県以上にローカルフードチェーンが多いようだ。

レストランだったら里味や三宝亭などの**三宝グループ**、居酒屋ならいかの墨などの**よね蔵グループ**、旬魚酒菜五郎からワインバルまで多角的に展開する**イデアル**、お寿司なら上越市に本拠を持つ**富寿司**など多士済々だ。

新潟では5大ラーメンと称されることが多い。これは、三吉屋など、あっさりした昔ながらのしょうゆベースのラーメンである**新潟あっさりラーメン**、工場の出前のために作られた背脂に極太麺の**燕三条背脂ラーメン**、長岡発祥の生姜のきいた生姜スープの**長岡生姜醤油ラーメン**、旧巻町発祥の**新潟濃厚味噌ラーメン**、70年以上の歴史を持つ**三条カレーラーメン**を指す。

他にもトン汁をラーメンにして、長距離トラックのドライバーやスキー客に愛されている**妙高トン汁ラーメン**も6つ目として加えるに値するご当地ラーメンだ。

カツ丼なら卵とじではなく、揚げたてのトンカツを醤油ベースのタレにくぐらせ、ごはんの上に乗せるという**タレかつ丼**が新潟市を中心に昭和初期から愛されている。とんかつ太郎が元祖で、薄めの衣のカツと程よい甘さがある醤油ダレが絶妙にマッチしている。

長岡の洋風カツ丼は、名前は丼ぶりでも多くの店では皿盛りなのが特徴だ。元祖の小松パーラーの味を受け継ぐケチャップベースのソースを使った洋食系と、デミグラスソースを用いた食堂系の2パターンがある。

新潟のアイスといえば、**セイヒョーのもも太郎**、シロップを混ぜて凍結した氷粒たっぷりのいちご味かき氷バーが昭和20年代から愛され続けている。かき氷を食べているような食感とさっぱりとした後味が特徴だ。

お祭りといえば、**ぽっぽ焼き**、新発田以北では**蒸気パン**とも呼ばれている。薄力粉に黒砂糖と水、炭酸、ミョウバンを加え、専用の焼き器で焼き上げるもので、茶褐色で細長く、やや扁平な形状をしているのが特徴だ。もも太郎同様、癖になる味だ。

お土産なら、やはり**柿の種**と**笹団子**が今でも新潟のツートップだろう。**サラダホープ**や**ばかうけ**、**河川蒸気**に**万代太鼓**、**南蛮えび煎餅**など他にもいろいろあるが、お土産というか結婚式の引き出物でびっくりしてしまったのが**プラリネ**だ。アーモンドをのせたバタースポンジケーキに、砂糖と蜜をかけて焼き上げた念吉のロングセラーだ。

日本初のレストランバスも2016年から新潟を走っている。車窓の眺めを楽しみながら新潟の素材満載の食事を味わえるのは贅沢なものだ。

最近登場した、いわゆる開発型のグルメも一杯だ。**糸魚川ブラック焼きそば**をはじめ、各地の素材を生かしたメニューが目白押しだ。

のどぐろや**ベニズワイガニ**、**南蛮エビ**、**ヤナギガレイ**、**ヤリイカ**、**寒ブリ**、**げんぎょ**など海の幸も魅力的だ。書き出したらきりがない。この続きは是非、新潟のタウン情報誌でお楽しみいただければ、である。

新潟県は究極のアルコール王国だ！

▼日本ワインの父は新潟から

新潟といえば日本酒というイメージは間違いなく県内外に定着している。日本酒のイメージが強いのは悪いことではないが、すでに述べたように日本酒王国としての新潟の地位は少しずつ揺らぎつつある。その一方で、新潟のワインの評価は確実に上昇基調にある。

国産ワインといえば、山梨、長野と答える人が多いだろうが、実は新潟はワイン王国でもあるのだ。日本初のワイナリーは1874年に山梨県甲府市に出来た民営醸造場と言われているが、当時のワインは食用の甘いブドウで造られ、味は本来のワインとは全く異なるものであった。そのような状況にあった国産ブドウの品質をあげ、ワインを今日の水準にまで引き上げた最大の功績者は、なんといっても**川上善兵衛**氏だ。

川上氏は上越市に生まれ、ワインづくりに生涯を捧げたのだった。1891年には、先祖伝来の田畑を売り払って裏山を購入し、海外から取り寄せた500品種余を植えつけている。さまざまな試行錯誤の末、品質向上のため品種改良を思い立ったのは1922年だった。

ブドウの品種には、ヨーロッパ種とアメリカ種の2群がある。川上氏は両者を交配して、日本独自の醸造用品種をつくろうと努力を重ね、20余年間に1万株以上の交配を行い、22品種も作り出したのだった。

代表はマスカット・ベーリーAと呼ばれる紫黒色の果粒をもつ赤ワイン用中生種で、１９２７年に誕生し、今でも多く栽培されている。２０１３年には、ワイン醸造に関する諸問題に取り組む国際機関のＯＩＶ（ブドウ・ワイン国際機構）に登録された。ＯＩＶ等の国際機関のリストに登録されることでＥＵへ輸出するときに品種名を書くことが可能となる。新潟のワインも世界で勝負する時代となってきたのだ。

このように、日本ワインの父といわれる川上氏が雪を利用した低温醸造などの工夫を重ねて作ったのが**岩の原ワイン**だ。

▼新潟は国内有数のワイン王国

新潟の地は米だけでなくワイン用のブドウにとっても相応しいところがいっぱいある。それを見抜いたのが、カーブドッチの創設者**落希一郎**氏だ。巻の地にワイナリーを作り、山梨よりも一歩先んじて国産ブドウ１００％のワインを市場に出荷したのだった。

その後、落氏は新潟を去り新たなチャレンジのため北海道に渡ったが、カーブドッチで修行した若者が次々と近くでワイナリーを立ち上げ、今では5蔵となって新潟ワインコーストを形成している。

落氏は鹿児島県出身で、東京外大を中退後西ドイツ国立ワイン学校を卒業し、国内各地でワイン事業に従事していた。1992年に当時の巻町に設立したのがワイナリー・カーブドッチだった。

なぜ、ワインを新潟のそれも日本海のすぐ近くで、と思う人も少なくないだろう。だが、岩の原がワイン用のぶどうの適地のように、実はプロの目から見ると、巻の気候や土壌はまさに打ってつけの場所ということのようだ。

1993年にはワイン事業を開始し、その2年後にはレストランもオープンしている。新たな取り組みを次から次へと展開し、2002年にはソーセージとビールの製造にも着手している。2009年にはホテルとスパを備えたカーブドッチヴィネスパがオープンし、今では巻の地はワインを中心とした一大リゾートの様相を見せている。

落氏が著書の中でも言っているように、「景観は地域社会の財産」なのである。ワイナリーを訪れたことがある人はこの言葉が何を言わんとしているか、よくわかるだろう。カーブドッチでは電線や電柱がほとんどなく、建物も庭も、そしてブドウ畑も美しく、良好な景観を構成している。角田山を借景に、こんな素敵な場所があるなんて、という思いを抱いて再訪する人も少なくないだろう。

これだけ短い期間で急成長したのは、何といっても落氏の情熱とバイタリティーがあったからこそだが、このような新規事業が成功するためには資金調達をいかに上手く進めるかにかかっているといってもよいだろう。

１９９３年に落氏はヴィノクラブという会員を募ったのだった。ヴィノクラブの会員になると、ワイン用ぶどうの苗木のオーナーになりその成長を見守りながらカーブドッチのワインづくりを愉しむことができるという特典がついている。１万円の会費で当初は10年間（現在は5年間）、毎年1本のワインが入手できるということで、４年後には1万人を超え、１億４千万円の資金を調達することが可能となったのだ。

カーブドッチは巻の地だけでなく、中央区に5店舗を展開するなど拡張を続けている。マルシェやベーカリーも運営するなど、**6次産業化**も進めている。ちなみに6次産業化とは、農林漁業者（1次産業）が生産した農林水産物を活用し、新商品を加工・開発し（2次産業）、新たな販路の開拓などを行って商売につなげる（3次産業）取り組みのことで、1次＋（×）２次＋（×）３次で6次ということになる。まさに民間による地方創生の成功例といってもいいだろう。

▼ワイナリーの集積地という夢

カーブドッチの凄さはものづくりだけではない。ワイナリー経営塾を通じて、ワイン造りの人材を輩出しているのだ。

２００6年には**フェルミエ**がまず最初にオープンした。創業したのは**本多孝**氏だ。本多氏は新潟市出身で、15年勤務した東京の金融機関を辞めて家族とともにワイン造りに転身したのだ。ワインの年間生産本数は1万本で、2011年には日本では初めてとなる自社栽培ぶどうから造るアルバリーニョのワインをリリースしている。

2011年には**ドメーヌ・ショオ**が開業した。ここは**小林英雄、みさと夫妻**が経営する小さなワイナリーだ。小林氏は大学で博士号を取得後、ビジネスコンサルティング会社に就職し、2008年にカーブドッチワイナリーでの修業をスタートさせた。

同じ2011年には**カンティーナ・ジーオセット**がオープンしている。代表の**瀬戸潔**氏は東京都出身で、26年過ごした広告業界からワインの世界に飛び込んでいる。そして2015年には**ルサンクワイナリー**がオープンした。創業者の**阿部隆史**氏はIT企業からの転身だ。4人とも時代の最先端の企業からブドウづくり、ワインづくりという手間のかかる手作業にチャレンジしているという共通項があるようだ。

このように4つのワイナリーがカーブドッチの周辺に相次いでオープンしている。落氏の夢は、巻の地がアメリカ・カリフォルニア州のナパバレーのような**ワイナリーの集積地**になることと語っているが、着実にその夢は実現に向かっているのだ。

私は2004年に落氏に会い、直接ワイン蔵の説明をしてもらっている。今でもその時の落氏の言葉を忘れることはできない。その少し前にカーブドッチではブランデー醸造の製造免許を取ったとのことであった。関東信越国税局では第1号だったという。

つまり、長野県でも新潟県でも既存のワイナリーでは、ワイン用に絞って残った皮からブランデーをつくろうとはしていなかったということなのである。そして当時の状況は山梨県もほぼ同様だったと落氏は語ってくれた。それまでの国産ワインは外国から輸入したワインや果汁を混ぜて作られていて、ブランデーをつくるだけの国産ぶどうを使っていなかったということの証だというのだ。

今でこそ、山梨や長野でも国産ぶどう100％のワインが多く作られるようになったが、落氏がワインづくりに参入した頃は、まだまだ混ぜ物の国産ワインだらけだったということをこのエピソードは物語っている。落氏の挑戦は北海道の地で続いている。そしてカーブドッチの挑戦も新潟ワインコーストという形でさらに進化を遂げているのだ。

▼酒の陣のスピンオフを

新潟の日本酒には課題も少なからずあるが、その一方で右肩上がりの来場者数となり、もはやパンク状態ともいえるのが、**新潟最大級のイベントである酒の陣**だ。2004年に新潟県酒造組合が設立50周年を記念して初開催したもので、毎年3月の第二週の土日に朱鷺メッセで開催されている。

2017年にはついに13万人の入場者を記録した。時間帯によっては2時間待ちの行列になっている。それでも県内外から数多くの来場者を集めているのは、やはり新潟の日本酒の魅力に尽

「酒の陣」の様子（撮影：著者）

きるということだろう。県内のほとんどの酒蔵が出展し、入場者はお猪口とやわらぎ水を渡されて、日本一の飲み放題を満喫するのだ。

酒の陣はアルコールに関するイベントとしては日本随一といっても過言ではないが、施設のキャパのこともあって、ある意味限界に来ていることは否めない。2時間以上も待たされてしまっては興ざめとなる人も少なくないだろう。私も何度となく行っているが、最近ではさすがに朝早くから並ぶことはせず、3時以降に入れるチケットを求めて並ぶが、それでも結構待たされるものだ。

これだけの集客を誇る酒の陣をどのように活用するか、これは今後の大きな課題だろう。すでに新潟県内の各地で酒の陣のスピンオフのような酒のイベントが開催されるようになったが、**新潟市内でもう少し定期的に実施するようにして、酒の陣の負担を減らし、通年化することが必要**ではないだろうか。

日本酒に関係する多くの団体がこの日のために1年の多くの日数を費やしているという話も聞く。酒の陣の成功はもちろん大切だが、もう少し広がりのある企画が必要ではないだろうか。

要は、もっと多くの人に新潟の日本酒の魅力を発信する仕組みを年に1回ではなく、上手に分散させたらという提案である。伊勢の赤福が実施している朔日市のように、月1で市内のどこかで酒のイベントを実施し、新潟の日本酒をアピールするのである。イベント開催の手間は極力減らし、地域総出で楽しく実施してはどうだろう。

日本酒を盛り上げる取り組みとして、新潟県と県酒造組合、そして新潟大学が包括連携協定を締結したニュースが報じられたのは２０１７年の5月だった。醸造技術だけでなく歴史や文化、流通など幅広い分野で日本酒を探究する**「日本酒学」の国際的な教育・研究拠点づくり**に三者が協力して乗り出すことになったのだ。

隣の長野県が県庁に日本酒・ワイン振興室を都道府県として最初に設置するなど、他県に押されがちだった新潟清酒の逆襲がようやく始まったのである。

新潟市内には15の日本酒の酒蔵があって、これは県内では長岡市の16に次ぐ多さだ。ワイナリーはカーブドッチなど5つ、そして日本最初の地ビールと言われるエチゴビールも新潟市内だ。越乃寒梅の石本酒造では、米焼酎も作られている。カーブドッチではワインのみならずブランデーも製造されている。まさに〝酒都新潟〟なのだ。

▼新潟で頑張る酒蔵のホープたち

そんな酒都新潟をはじめ、県内各地で頑張る酒蔵が目白押しだ。特に若手の台頭は心強いものである。

まずは新潟駅から一番近くにある**今代司酒造**だ。1767年創業と今年で250年の歴史を刻む老舗の酒蔵だ。発酵食の町として栄えた沼垂の地で新潟清酒の代表格として製造を続けていたが、日本酒の消費の落ち込みとともに経営は悪化し、ついには民事再生の手続きを進めなければいけなかったのだ。

そのような中で、経営の刷新のために経営マネージャー募集に手を挙げたのが**田中洋介**氏だった。田中氏は1980年生まれの千葉県出身で、シンガポールにあるアルビレックス新潟のクラブチームの運営を手掛けた人物だが、日本酒とは全く関係のない経歴で、新潟にも知り合いがほとんどいなかったにもかかわらず34歳の若さで採用された。

田中氏の登用はまさに賭けにも近いものだったのかもしれない。素人に近い人物に日本酒のマネージメントを任せるということが結果としていい方向に向かったのだった。田中氏の日本酒に対する情熱と豊富な海外経験が会社の広報、営業に好循環を生み、ついには社長の座に就いたのだった。

まさに**今代司**の改革である。もともと今代司という名前は、今の時代を司るという意味だが、これを田中氏らは、今の時代に合った酒の楽しみ方を創造すると解釈し、酒造りも変えていったのだ。

２００６年からアルコール添加を一切行わない全量純米仕込みに切り替え、酒米も新潟県産にこだわることで純米の旨みとキレの良さの両立を実現した。また、仕込み水は菅名岳の天然水を使用することで高い品質の日本酒を製造しているのだ。

今代司では酒蔵見学も積極的に受け入れるなど、地酒の素晴らしさを伝えることによって新潟の魅力を発信している。まさに民間による地方創生の取り組みなのだ。

近年、ボトルのデザインだけでなく、その酒造りにかける姿勢などが海外でも高く評価されているのが阿賀町の**麒麟山酒造**だ。１８４３年創業で、現在の社長の**齋藤俊太郎**氏が入社したのは１９９５年のことだった。

斎藤氏は１９６７年生まれで、大学卒業後、広告業界を経て父の会社に入り、淡麗辛口の麒麟山伝統の味にこだわりつつ、さまざまな改革を進めていったのだ。

季節限定シリーズとして、シャープな切れ味の**輝**や3年以上熟成させた**紅葉**、麒麟山酒造の社員が自ら田植え・稲刈り作業を行い丹精込めて育てた五百万石を１００％使用した新酒の**ぽたりぽたりきりんざん**などを、それぞれの個性が一目でわかる色で表現したカラーボトルシリーズとして次々と発表し、大きな反響を巻き起こしたのだった。

会社を挙げて米作りに取り組むとともに地元に広がる広大なブナ林を守り、軟水の伏流水を維持するために植林や間伐も行っている。

その味とともに、従来の日本酒にはない斬新なデザインのボトルは、国内だけでなく海外で大人気となった。斎藤氏はにいがた酒の陣の実行委員長になるなど、今では新潟の日本酒業界の中心人物となっている。

新潟の日本酒メーカーの中でも最も若い世代の杜氏であり、次期蔵主でもあるのが加茂市の**加茂錦酒造**の**田中悠一**氏だ。1992年生まれの弱冠25歳でありながら、加茂錦・荷札酒純米大吟醸を醸した日本酒界の期待のホープだ。

目を中越に転じると、八海山で有名な**八海醸造**が南魚沼市ののどかな田園風景が広がる里山に、カフェ、売店、キッチン雑貨店等を併設した八海山雪室やそば屋、食堂、菓子処などの施設を併設した魚沼の里は注目のスポットだ。日本酒を始めとする醸造文化も学べるテーマパークとして多くの観光客で賑わっている。

このほか、廃校となった小学校を酒蔵として開放するなど新たな展開を図っている佐渡市の**尾畑酒造**、1548年創業で、女性による女性のための日本酒応援をすべく設立した女子部がある長岡市の**吉乃川**など個性的な取り組みをしている酒蔵は県内各地に見られる。

日本酒を地域活性化に活用する動きは全国各地で行われている。ライバルの動きも注視しながら、県内の酒蔵がコラボして観光地とセットになった新潟らしい酒蔵ツーリズムを確立すべきだろう。新潟の逆襲に乾杯だ！

▼新潟の個性豊かな食事処

アルコールに関しては全国トップクラスの新潟、当然のことながら食事処のレベルもトップクラスだ。ＪＲ東日本のトランスイート四季島にはせかい鮨の吉沢俊哉氏をはじめ、新潟の名だたる寿司職人が乗り込んで極みの新潟寿司を提供している。

もちろん、新潟の誇るべき食は寿司だけではない。ここでは、ブラタモリならぬ〝ブラタムラ〟を長年続けてきた筆者が、自分の足と舌で見つけたお気に入りの食事処、それもお酒も楽しめるお店を紹介する。

トップバッターが新潟市中央区女池北に２０１７年1月にオープンしたばかりの**Chef's KITCHEN（シェフズキッチン）**だ。もともとは関屋駅近くにわずか8席の小さなお店、PaPasのオーナーだった小糸良一氏が料理長を務めている。

小糸氏はホテルオークラ新潟、川奈・赤倉両ホテル、東京の老舗ビアレストラン「レバンテ」、ロサンジェルス総領事館、フランスの星付き店などで腕を振るったベテランシェフで、松本清張の小説「点と線」でも有名なレバンテの名物牡蠣ピラフのレシピは同氏が作ったものだ。

ホテル厨房の美味しさをもっと気軽に楽しんで欲しいという思いからつくった本物の洋食を普段着で楽しめる洋食店で、昼は定食、夜はアラカルトのビストロスタイルだ。どのメニューも美味だが、冬の牡蠣フライは特に絶品だ。

古町の夜は往時に比べると寂しい感じもするが、まだまだしょっぱい（しょっぺ）店（温かみがあって個性的な美味い店）は健在だ。深夜まで営業していて、古町の夜を支える面々にも愛されている**喜ぐち**は〆のラーメンも絶品のお店だ。

ここをさらに下に歩いていくと古町11番町に私のお気に入り、**さい三郎**の明かりが見えてくる。ここはすべて美味しくてすべて安い。鶏の半身揚げも、やきとりも、刺身も天ぷらも煮物も酒盗も、その種類と味は〝半端ない〟のだ。しかも新潟の日本酒も50種類ほどの品ぞろえで、サラリーマンのポケットに優しいお店だ。

村上出身ということもあって、村上の地のものが多く、店内には村上市随一の工藤酒店、工藤達朗氏の筆によるメニューも飾られている。

古町本来の賑やかさは8番町や9番町だが、最近は風俗系が少し増えた感も否めない。そんな中で異彩を放つのが9番町の**飲み処黒**だ。古町を隅から隅まで知り尽くした店主の黒澤氏が10年ほど前にオープンさせたお店で、会津から直送した馬刺しの盛り合わせが絶品だ。

赤身だけでなく、レバー、ふたえご、たてがみ、スモークなど多いときは7種類もの馬刺しが楽しめる。こんなに新鮮で種類が豊富な店は、本場の熊本、長野、会津でもほとんどお目にかかることはない。気さくなご主人との会話も楽しい酒の肴だ。

古町から新潟駅に行く途中の、鏡橋交差点近くにある元気のいいレストランが**燕三条イタリアンBit**だ。燕市出身のオーナーシェフ、秋山武士氏の燕三条に対する愛情いっぱいのお店で、食材も調度品も燕三条にこだわった今注目のイタリアンだ。

玉川堂やマルナオ、スノーピークの製品を食器などで使い、「燕三条の魅力で新潟を熱狂させ、皆を幸せに」というコンセプトが店内に満ち溢れている。２０１６年10月には銀座店がオープンした。Bitはまさに燕三条のアンテナショップとして、県内外に燕三条の、そして新潟の魅力を発信しているのだ。

新潟駅前といえば、やきとりのしょっぺ店がずらりと並ぶ。**大将**、**山小屋**、**串吉**などのお店も仕事帰りのちょっと一杯に最適だ。最近では駅前にバルが増えてきた。さながら新潟バル戦争と言ってもおかしくないような状況だ。

コスパのいいワインを置いているところがほとんどで、いつもどこに入ろうか目移りしてしまう。もちろん、食事もワインも間違いないのは**レコルタカーブドッチ**だ。新潟ワインコーストのワイナリーのワインも揃えていて新潟ワインの飲み比べも楽しめる。

ここで挙げたのは新潟市中央区のそれもごくごく一部だ。新潟県内にはしょっぺ店、ガッツリ系、オシャレな店、高級料亭、行列のできるラーメン店など、ありとあらゆるお店が揃っている。

新潟ほど個性豊かなお店に恵まれている県はないのだ。

鉄道で回る新潟の旅

▼企画列車の楽しみ

新潟は全国的に見ても車社会の地域だ。高速道路の延長は本州随一で、政令市の中では新潟市が一番車への依存が高い。新潟市で20世紀末に路面電車を廃止してもあまり文句がでなかったのも住民にとっては車のほうが便利で大事という意識が強いからだろう。

そんな土地柄であっても、新潟のJRには捨てがたい魅力が少なからずあるのもまた事実だ。新潟県のJRの大部分は東日本だが、糸魚川駅などは西日本の管轄だ。また、北越急行のほくほく線や北陸新幹線開業に伴って第三セクターとして誕生したえちごトキめき鉄道がある。

全国的にみると、企画列車花盛りだが新潟も例外ではない。その実質的な第1号ともいえる存在が、新潟駅から会津若松駅に向かうSLばんえつ物語だ。1999年にスタートしたが、もともとは1996年に新津駅と津川駅を走ったSLえちご阿賀野号の後にC57を導入して誕生したものだった。

2001年には新潟駅から酒田駅・象潟駅間を結ぶ**快速きらきらうえつ**がスタートした。どち

企画列車「快速きらきらうえつ」(撮影：著者)

らも新潟とその周辺を結ぶ貴重な企画列車だ。
翌年には第三セクターの北越急行に企画列車が導入された。それが、プラネタリウム列車、**ほしぞら**だ。ほくほく線は、越後湯沢駅から上越、富山、金沢方面への最短区間として開業した線で、途中、トンネルが多いことを逆手にとって、トンネル内走行中に星座を浮かび上がらせ上映するため、常時照明の明るい一般車を連結し2両編成での運行を行った。利用者に好評だったこともあって、その後、**ゆめぞら**として運行されている。

酒処新潟のエースとして誕生したのが、**越乃Shu*Kura**（こしのシュクラ）だ。2014年に上越妙高駅－十日町駅間で観光列車として運行する臨時快速列車で、上越妙高駅－越後湯沢駅間を運行する**ゆざわShu*Kura**、上越妙高駅－新潟駅間を運行する**柳都 Shu*Kura** の計3列車が設定されている。

これはまさに日本酒好きにとってたまらない企画列車だ。車内では県内の日本酒の利き酒や、地元の食材を使用した弁当やつまみなどが提供されるほか、ミュージシャンによるジャズ・クラシックの生演奏、地酒や地元食材にまつわるイベントなどが行われる。

願わくば、冬場も雪見酒と称して実施してもらいたいものである。雪のため、遅延しても日本酒を一杯味わえると思えば客のほとんどは文句もいわないだろう。少なくとも私は一切文句を言うつもりはない。

北陸新幹線開業直後に、十日町駅と長野駅の千曲川沿いの飯山線をゆっくり走る企画列車として誕生したのが**おいこっと**だ。

日本人のこころのふる里を代表するローカル線として、訪れる人すべてにやすらぎと癒しを提供したいという思いと、田園風景や川、山など日本人が思い描くふるさとをイメージしてもらうため、東京の真逆にあるという意味でTOKYOの英語表記を反対にし「おいこっと」とひらがなで表現したものである。車内では野沢菜のふるまいと常田富士男氏のナレーションでゆる〜くもてなされるのだ。

▼真打登場

2016年、新潟の企画列車の真打ともいえる存在が相次いでデビューした。まず、4月23日には、北陸新幹線開業を契機に第三セクターとなったえちごトキめき鉄道の**えちごトキめきリゾート雪月花**が運行を開始した。

県外の観光客をターゲットに「週末の贅沢、少し遠くまで。」をキャッチコピーとして、主にえちごトキめき鉄道線内を周遊している。車内では「えちごを、めしあがれ」を基本コンセプトとする新潟にこだわった食事を提供している。新潟の食材にこだわっているだけでなく、食材の活かし方にもシェフのこだわりが満載だ。

赤を基調として、国内最大級の展望を確保するためにさまざまな工夫を凝らし、側面窓は屋根肩部まで伸びている。また、意匠の多くに新潟産品が使用されているのも大きな魅力だ。

車内外に使用されるエンブレムやカーテン留金具などはすべて燕・三条地域で作られ、内装の木材は村上地域の越後杉やブナ材、樺桜などの新潟ゆかりのもので、床材は滑り止めも兼ね鉄道車両では史上初となる瓦床材として阿賀野地域の安田瓦が用いられている。

まさにオール新潟の特別列車なのだ。土曜・休日を中心に上越妙高駅 - 糸魚川駅間で1日1往復運転している。

同年4月29日には世界最速の芸術鑑賞をキャッチフレーズに、上越新幹線に**現美新幹線**が登場した。名前の由来は現代美術の略称からきている。外観デザインは蜷川実花氏が担当し、黒を基調に夏の夜空を彩る長岡の花火を描いている。

列車のインテリアは、車両ごとに注目のアーティストが制作した現代アートで形作られている。

現美新幹線は6両編成で、13号車にはカフェコーナーやキッズスペースが設けられている。まさにド派手な新幹線で、全国からも注目を集めている。

長岡駅と越後湯沢駅の間はトンネルだらけだが、現美新幹線はある意味、この区間のマイナス面を上手に活かしているともいえる。トンネルから出た瞬間や入る瞬間に車内の色が変わり、芸術作品の見え方も変わる。まさに光と影のアートそのものを、現代芸術の作品群を通じて体感できるのだ。

▼駅弁も日本一だ！

鉄道の旅の楽しみの一つが駅弁だ。私も全国各地の駅弁を食べ歩いてきたが、知名度の高いものが必ずしも美味しいわけではない。名物にうまいものなし、という格言もあるが、駅弁に関してはあながち間違っていないのかもしれない。ここでは言えないが、こんな不味い駅弁がなぜ有名に？というのも結構あるのだ。

だが、新潟には知る人ぞ知る、日本一美味しい駅弁がある。それは**新発田三新軒**が販売している**えび千両ちらし**だ。これを初めて食べたとき、衝撃が走ったのだった。

こんなに上手い駅弁があるんだ！

飛びあがらんばかりに狂喜乱舞したことを今でも覚えている。

実際、芸能人の中にも日本一美味しい駅弁だと断言している人は少なからずいる。これを食べずして駅弁を語ることなかれ、である。この駅弁があれば、お腹が満足するのはもちろんであるが、お酒のつまみとしても最強のものであることは間違いない。駅弁の箱はいたってシンプル、それがまた期待を裏切らないのだ。

おしながきには、

すし飯……新潟米の精進合わせ
うなぎ……蒲焼きのたれ仕込み
こはだ……薄切り〆、わさび醤油からめ
蒸し海老……酢通し醤油からめ
いか……塩いかの一夜干し
厚焼きたまご……出し入り
海老……むき海老のおぼろ
ガリ……甘酢漬け

と凄いラインナップだ。8番バッターまで書いてあるが、原材料名を見ると、9番バッターに新潟自慢のくるみが入っているという気づかいが何とも嬉しいものだ。あるいは、ご飯の上に敷き詰められているおぼろこんぶが9番で、くるみが代打と見なすことができるかもしれない。い

えび千両ちらしのパッケージ（撮影：著者）

ずれにしても、豪華絢爛とはこの駅弁のためにある言葉のようだ。

箱を開けると、厚焼きたまごに海老のおぼろがかかっているだけという見かけだ。これで？と思ってはいけない。厚焼きたまごの下にクリーンナップがずらりと並ぶ。まさにサプライズだ！

新潟駅でこの駅弁があるとテンションが上がるのは私だけだろうか。実は、この原稿を書きながらえび千両ちらしを酒の肴に食べているのである（笑）。もう、たまりません！

これを食べずに新潟の駅弁を語ることは出来ない。実際、米沢の牛肉どまん中も崎陽軒のシウマイ弁当、北海道森駅のいかめし、おぎのやの峠の釜めしも、えび千両ちらしの前では霞んでしまうのだ。

もちろん、新潟の駅弁はこれだけではない。生の鮭を焼き、秘伝のたれに一晩漬け込んだ鮭の焼漬が入った**鮭の焼漬弁当**は50年以上愛されているロングランの駅弁だ。

かれいのえんがわを、特製の甘酢でメて、押し寿司にした**えんがわ押し寿司**も全国的に珍しい駅弁だ。

上越市のホテルハイマートが作った**鱈めし**はＪＲ東日本が２０１２年に実施した駅弁味の陣２０１２で見事最高位の駅弁大将軍となった。骨まで食べられる柔らかいタラの甘露煮、タラコなど日本海の幸や、昆布だしで炊いた上越産コシヒカリを使った絶品の弁当だ。

食材王国の新潟ならさらに優れものの駅弁を開発することも可能だろう。是非、新潟の野菜をフルに活用した駅弁を期間限定で提供してもらえないだろうか。なすは当然のこと、その中には茹でた枝豆が入っているのはいうまでもないことではあるが（笑）。

新潟、実は文化の一大聖地だ！

▼新潟はマンガ王国だ！

以前は、サブカルチャーといえばオタクのものといったイメージが強かったが、今ではサブカルチャーがメインカルチャーを凌ぐ勢いだ。特にマンガやアニメは完全に市民権を得たといってもいいだろう。

新潟県は全国的に見ても有名な漫画家を多数輩出した土地柄で、『ドカベン』の**水島新司**氏や

『めぞん一刻』の**高橋留美子**氏、『翔んだカップル』の**柳沢きみお**氏、『1・2の三四郎』の**小林まこと**氏、『パタリロ』の**魔夜峰央**氏、『ショムニ』の**安田弘之**氏、『ヒカルの碁』の**小畑健**氏、『るろうに剣心』の**和月伸宏**氏、『頭文字D』の**しげの秀一**氏など挙げだしたらきりがない。また**赤塚不二夫**氏も小中学校の一時期を新潟市で過ごしている。こんなに漫画家が出ている地域はほかにはないだろう。

今や漫画はＭＡＮＧＡとなり、世界中の若者の心を捉えている。ハリウッドでも次々と日本の有名な漫画が実写化されている時代だ。アメリカやイギリスだけでなく、洋の東西を問わず、世界各国の書店に日本の漫画本が並んでいる。新潟に漫画を凌ぐ世界的なブランド力を持つものがほかにあるだろうか。

新潟市がマンガの家やマンガ・アニメ情報館を作り、にいがたマンガ大賞を創設したり、古町には水島新司まんがストリートができるなど官民挙げた取り組みも行われてはいるが、もうひと押しの取り組みが必要ではないだろうか。

マンガを地域活性化に繋げる取り組みは残念ながら他県のほうが抜きんでている。例えば高知県でも『フクちゃん』の横山隆一氏や、『アンパンマン』のやなせたかし氏、はらたいら氏、黒鉄ヒロシ氏など名だたる漫画家が輩出されているが、行政の取り組みは早かった。１９９２年には高校生を対象にしたまんが甲子園を主催した。２０１０年には県庁内にまんが・コンテンツ課を新設し、まんが王国・土佐と銘打ってさまざまな事業を官民連携して実施している。

岩手県でも2009年にいわてマンガプロジェクトを立ち上げている。これは、マンガを通じて、岩手の文化や暮らし、景観、もてなしの心など、県内にある多様なソフトパワーの源を掘り起こし、その魅力を全国に発信するとともに、いわて発の漫画やアニメなどの大衆文化、若者文化等にかかわりを持つ人の活動の情報発信をサポートするものだ。このプロジェクトではコミックいわてWEBで無料のマンガを提供することも行っている。

一方、鳥取県は、『ゲゲゲの鬼太郎』の水木しげる氏、『遥かな町へ』の谷口ジロー氏、『名探偵コナン』の青山剛昌氏などやはり多くの漫画家を輩出している。水木氏のふるさと境港市では水木しげるロードがにぎわい、県も第13回国際マンガサミットを誘致して、2012年秋、米子市で開催した。これを契機として、マンガを活用した元気な鳥取県づくりをめざして、「まんが王国とっとり」建国の年と位置づけ、全県を挙げての取り組みを進めている。

市町村レベルでもさまざまな事業が行われている。聖地巡礼も盛んだ。新潟市は頑張っているものの、もう少し全県を挙げての動きを見せなければ、埋没しかねないだろう。高知や岩手、鳥取に先を越された感はあるものの、幸い、新潟は専門学校王国ともいわれるように専門学校の進学率が1、2を争うほどでアニメ系の学校も多い。

人材の育成を考えれば、新潟が何といっても真のマンガ王国だ。これからもどんどん次世代の漫画家が輩出されていくことだろう。行政もこの点をもっと前面に押し出していくべきだ。

新潟市には文化政策課の中にマンガ・アニメチームがあるが、少なくとも課か室には格上げしてほしいものだ。新潟県庁も同様だ。県全体で盛り上げるためには県庁内にも少なくとも専属の係くらいは必要だろう。マンガ、アニメはクールジャパン戦略の要の一つだ。専門学校などと行政が上手く連携して、産業政策として本腰を入れて取り組んでほしいものである。

▼新潟の芸術文化の最前線

越後美人とも言われるように、これまでも**小林幸子**さんや**樋口可南子**さん、**星野知子**さん、**鷲尾いさ子**さんなど多くの女性が芸能界で活躍してきた。今やアイドルの世界でも新潟は全国の注目を集めている。

その先駆けは何といってもご当地アイドルとして登場したＮｅｇｉｃｃｏ（ねぎっこ）だろう。２００３年7月、ＪＡ全農にいがたが展開する新潟の名産品「やわ肌ねぎ」ＰＲキャンペーンのため結成されたグループだ。当初は一カ月間の期間限定ユニットだったのだが、そのまま活動期間が延長され、２００９年10月、GyaOの「勝ち抜き！アイドル天国!!ヌキ天」で6週勝抜き、グランプリを獲得した。

また、２０１０年12月、「U.M.U AWARD2010～全国アイドルお取り寄せ展～」にてグランプリを受賞し、観光大使やサトウの切り餅など各種ＣＭ、イベント、コンサートなど引っ張りだこの存在で、もはやご当地アイドルの枠を飛び越えて全国区のアイドルだ。ちなみにメンバーのかえでさんは我が新潟大学の卒業生だ。

ねぎっこに続いたのがＮＧＴ48だ。ＡＫＢ48の姉妹グループの7組目（日本国内では5組目）として２０１５年に結成され、新潟市中央区万代にある「ラブラ２」４階に、専用劇場「ＮＧＴ48劇場」が２０１６年1月10日にオープンした。

２０１７年４月12日に、「青春時計」でメジャーデビューし、Billboard JAPANの「Hot 100」、オリコン週間チャートなどでいきなり第1位を獲得したのだ。これまでも全国のメディアに取り上げられることは何度もあったが、これで姉妹グループと肩を並べることになった。

グループ名のＮＧＴは、劇場所在地である新潟市および新潟県の新潟（NIIGATA）のアルファベットの頭文字を取ったものだ。新たなグループ誕生が話題になった頃は、札幌や沖縄に新グループが誕生するのではないかとまことしやかに言われていたが、ふたを開けてみれば本州日本海側最初に新潟の地に出来たのだった。

ＮＧＴ48の特徴は他のグループに比べると地域密着・地元貢献を前面に打ち出しているところだ。新潟県や新潟市など地元自治体のイベントに積極的に参加したり、地元企業とのタイアップＣＭや、地元メディアでの露出を頻繁に行っている。メジャーデビューを急がず、地域とのつながりを重視したのだ。

新潟市の移住促進動画や県産米のＰＲ活動、地元企業とコラボしたメンバー考案商品の発売などまで、まさに涙ぐましい努力を重ねてきたのである。最初の頃は冷ややかだった地元の中高年も、今では自分の子どもや孫を見るようなまなざしでＮＧＴ48を応援しているのだ。

新潟は音楽の聖地でもある。**フジロックフェスティバル**は名前だけ聞くと山梨か静岡でやっているように思う人もいるだろうが、実は新潟のイベントなのだ。1997年に山梨県富士天神山スキー場で、1998年は東京の豊洲で開催されたが、1999年からは毎年7月下旬または8月上旬、湯沢町の苗場スキー場で開催されている。

日本のロック・フェスティバルの先駆けで、広大な会場に国内外200組以上のミュージシャンが揃う日本最大規模の野外音楽イベント、最近では毎年延べ10万人以上の来場者で賑わっている。

新潟市内ではラ・フォル・ジュルネ新潟が2010年から開催されている。もともとはフランスのナントで年に一度開催されるフランス最大級のクラシック音楽の祭典で、1995年に創設されフランス国内外でも同様の音楽祭が開催されている。

一流の演奏を低料金で聴くことができ、朝から夜までいくつもの会場で繰り広げられるコンサートをはしごできるなど、世界で最もエキサイティングなクラシック音楽祭として注目を集めていて、新潟では和風建築とクラッシック音楽の融合や食、花が楽しめるなど個性的な取り組みとなっている。

新潟が生んだビッグアーティストがHilcrhyme **ヒルクライム**だ。TOCとDJ KATSUの2人のヒップホップ・ユニットで、2005年に結成された。彼らのオフィシャルサイトによれば、「ピアノやストリングスの柔らかな音像に、アクの強いビートを潜ませるトラック。クラブにもＪ－ＰＯＰにも寄り過ぎることのない、ラップユニット！」と紹介されている。

地元新潟で活動していたが、２００９年にシングル「純也と真菜実」のリリースでメジャーデビューし、同年リリースされた２ndシングル「春夏秋冬」が大ヒットし第51回日本レコード大賞新人賞をはじめ数々の賞を総なめにしたのだった。ライブ動員数も年々増加し、２０１４年には日本武道館で初の単独公演を行った。この２人を発掘したのが、**ナオプラン**の社長、**若槻尚明**氏だ。

ナオプランは、タレントのマネージメントからテレビ番組やイベントの企画・制作、経営コンサルタントなど幅広い業務を行っている。若槻氏自身も、ＦＭ－ＮＩＩＧＡＴＡが毎週日曜日の深夜０時からオンエアしている週刊アコギ倶楽部で、ＤＪワカとして出演している。ナオプランだけでなく酒店まで経営するマルチな人物で、70年代のアコースティックギターミュージックをこよなく愛す男だ。

そんな若槻氏の出身高校が**新潟明訓高校**だ。明訓といえば全国的には水島新司氏のマンガ、ドカベンに出てくる明訓高校とダブるところだろう。明訓は地方自治体や学校法人でもなく、教師や労働者の有志により設置されたという全国でもまれな私塾が起源となっている夜間中学校が前身の個性的な学校だ。

新潟は文学でも異彩を放っていて、『徳川家康』の**山岡荘八**氏、『堕落論』の**坂口安吾**氏らが有名だが、戦後生まれの芥川賞作家を2人も輩出しているのも明訓なのだ。これは地方の高校では唯一のことだ。1人でも快挙だが2人もというところが新潟明訓高校の凄いところだ。

第99回芥川賞を受賞したのが**新井満**氏だ。『尋ね人の時間』が受賞作で、「千の風になって」の作曲でも有名だ。作家としてだけでなく、作曲家や歌手としても活躍している。

そしてもう1人が第119回芥川賞を受賞した**藤沢周**氏だ。藤沢氏は新潟市の内野町出身で、明訓高校から法政大学に進学した。卒業後は書評誌「図書新聞」編集者などを経て1993年『ゾーンを左に曲がれ』で文壇にデビューした。

1998年に書かれた『ブエノスアイレス午前零時』が受賞作で、新潟の山間部の鄙びた温泉が舞台だ。そこでは帰郷して温泉に勤める男と盲目の老女の交情が描かれている。

藤沢氏の作品には新潟の光景がたびたび登場する。2000年に発表した『奇蹟のようなこと』は70年代の新潟の高校生が主人公の青春小説だ。新潟弁を話す高校生の高校まで実名で登場するのだ。

2002年3月から2003年1月まで新潟日報に連載されていた『ダローガ』では、東京で疲労している主人公が故郷の新潟に帰ってくる姿を描いている。新潟への複雑な思いに満ちた長編だ。

藤沢氏の近作に、『安吾のことば「正直に生き抜く」ためのヒント』がある。価値観の揺らぐ時代にこそ読むべき坂口安吾氏の178の名言が藤沢氏によって綴られているのだ。

現在は法政大学文学部の教授でもあり、日本テレビの「真相報道バンキシャ！」のコメンテーターとしても有名だ。実は藤沢氏のマネージメントに関わっているのが前述の若槻氏だ。明訓高校の絆は強い。

このほか、今をときめく出版社、幻冬舎の編集トップの石原正康氏も新潟県出身だ。


新潟で異彩を放つ**Noism**も忘れてはいけない存在だ。2004年春に創設された劇場専属の舞踊団で、リーダーは新潟市民芸術文化会館（りゅーとぴあ）の舞踊部門芸術監督を兼任する**金森穣**氏だ。日本で初めての劇場専属の芸術団体（レジデンシャル・カンパニー）で、りゅーとぴあを拠点に活動している。

新潟の芸術文化で今、世界で一番有名なのはなんといっても**鼓童**だろう。鼓童は、佐渡市小木を拠点に国際的な公演活動を展開するプロ和太鼓集団だ。設立は1981年で、ベルリン芸術祭でデビューした。

日本の伝統芸能を現代に再構築し、佐渡を拠点に世界でコンサートを開いているプロの和太鼓集団として、これまでにコンサートを開催した国は49カ国、公演数は5800回を超える。

1994年には、公演を収録したビデオ・レーザーディスク「鼓童」が、フランス・カンヌ国際音楽産業見本市・映像音楽コンテストの「音楽ビデオ長編部門」にて最優秀賞を受賞している。

活動は、1年間の内、1／3が海外ツアー、1／3が日本国内ツアー、残り1／3が佐渡とされていて、毎年夏になると、佐渡でアース・セレブレーションとよばれる国際芸術祭を主催している。

伝統文化で忘れてはいけないのが**新潟芸妓**だ。200年の歴史があって、京都祇園、東京新橋と並んで日本三大芸妓の一つに数えられている。古町花街で振袖さん、留袖さんと呼ばれる芸妓が、訪れる人に唄や踊りを披露し、風情あふれるみなとまち新潟ならではのおもてなしで出迎えてくれるのだ。

▼伝統的工芸品にもお宝がいっぱい

新潟のお宝は枝豆や野菜、マンガや音楽文化だけではない。実は伝統的工芸品の世界でも光り輝いているのだ。日本には古来より生活用品として、各地方独特の原材料や技術・技法により受け継がれてきた数々の工芸品がある。その中で、国から「伝統的工芸品」として指定されている工芸品は、全国で225品目を数えるが、新潟の伝統的工芸品は13産地、16品目にのぼり、これは京都府の17品目に次いで全国で2番目の多さとなっている。

このうち、仏壇が3カ所で指定されているのは、仏教が昔から盛んな新潟らしいものと言えるだろう。伝統的工芸品として仏壇が指定されているのは全国で15カ所、つまり2割は新潟ということだ。これらは**新潟・白根仏壇、長岡仏壇、三条仏壇**で、国道8号はさながらメモリアルロードだ。

新潟の仏壇技術の高さを物語っているが、国内の仏壇の売れ行きは落ち込んでいる。その一方で、日本で使われなくなった豪華な霊柩車がモンゴルで売れるといった現象も起きている。今後は経済成長の著しいアジアの仏教国に攻勢をかけるというのも一案だろう。また、仏壇彫刻の技術を他分野に活かすこともまだまだできるだろう。箸の技術に応用したのが**三条のマルナオ**だ。

新潟は織物の分野でも有名だ。織物に関する伝統的工芸品は、**小千谷縮、小千谷紬、塩沢紬、本塩沢、十日町絣、十日町明石ちぢみ**の6つが指定されている。これは沖縄県の12品目の次に多い。このうち、小千谷縮は越後上布とともにユネスコ無形文化遺産に登録されている。

このほか、燕三条のものづくりの象徴とも言える**越後三条打刃物と燕鎚起銅器**、上杉謙信ゆかりの技術が伝承された**越後与板打刃物**、さらには、全国シェアの70％以上を占める**加茂桐箪笥、新潟漆器、村上木彫堆朱、羽越しな布**と個性的な伝統的工芸品がずらりと並ぶ。

これだけの伝統的工芸品が揃っているのは新潟県にとっても大きな強みだ。もちろん、後継者不足や国内での需要の落ち込みといった負の側面は否めないものの、海外の人にとって大きな魅力となり、**インバウンドの推進には大きな武器**となるはずだ。

▼日本のミケランジェロと火焔土器

再び、中越地方のお宝である。江戸時代末期に活躍した木彫りの名工、**石川雲蝶**は越後のミケランジェロ、はては日本のミケランジェロと称され、県内各地に多くの作品を残している。

雲蝶の代表作品は中越地方に多く、魚沼市永林寺の欄間などの彫刻群や越後日光と言われる西福寺開山堂の天井彫刻、道元禅師猛虎長伏の図は圧巻だ。彫刻の多くは色鮮やかで彫りが深く、何層にも彫り重ねられた精巧さと大胆な構図が特徴で、150年ほどたった今も当時のままの色彩が美しい。

雲蝶本人については謎に包まれている部分が多いこともまた作品の魅力を一層引き立てている。江戸の雑司ヶ谷の生まれで、三条の酒井家に婿養子に入っている。良い酒と鑿《ノミ》を終生与えるとの条件で越後入りしたという話もある。

当時から金物の街として有名だった三条で暮らしたのも、道具にこだわる職人肌がうかがえる。なお、雲蝶の作品は、三条市、魚沼市のほか、長岡市、南魚沼市、湯沢町でもみることができる。

火焔土器《かえんどき》は縄文時代中期を代表する縄文土器の一種で、燃え上がる炎を象ったかのような形状の土器を指す通称だ。新潟県唯一の国宝は十日町市で出土したもので、代表的な火焔土器（火焔型土器）は縄文雪炎《じょうもんゆきほむら》と愛称が付けられ、国宝指定品の中でも中心的存在として扱われている。

地元ではこれを東京オリンピック・パラリンピックの聖火台にという動きもある。仮に東京オリンピックがダメでも後述する新潟オリンピックが決まった場合には火焔型土器が聖火台になることだろう。

▼世界が認める大地の芸術祭

新潟は芸術祭の分野でも世界を一歩リードしている。**大地の芸術祭**は世界最大規模の国際芸術祭だ。正式名称は、「大地の芸術祭　越後妻有アートトリエンナーレ」であり、日本有数の豪雪地である**越後妻有**（新潟県十日町市、津南町）の地を舞台に3年に1度開催されているものだ。

もともとは、1994年に当時の平山征夫新潟県知事が発案したもので、アートによって地域の魅力を引き出し、交流人口の拡大を図ることを目的としたものだ。上越市出身のアートディレクター北川フラム氏が総合ディレクターとして、2000年にスタートした。

農業を通して大地とかかわってきた里山の暮らしが今も豊かに残っているこの地域で、「人間は自然に内包される」を基本理念としたこのイベントは、美術を人間が自然と関わる術と捉え、人と自然とアートが織りなす里山を巡る旅として、また、アートによる地域づくりの先進事例として、国内外から注目を集めている。

大地の芸術祭では、約200の集落に作品を点在させている。河岸段丘や里山、田園風景が溢れる地に現代アートが並ぶ光景は壮観だ。これまで作られた作品は1000を超え、世界のアーティストが手がけた約200の常設作品に加え、会期中に新作が200近く公開されている。新進気鋭の作家から世界一流のアーティストまで、国内外の芸術家たちの作品群は訪れる人の心をわしづかみにするのだ。

最初は、里山に突然並ぶ見慣れない現代アートの作品に驚き、いぶかしげに見ていた地域の人々にも徐々にアーティストの熱意が伝わり、住民も協力者、協働者として作品に関わるようになってきた。多くの若者が県内外からボランティアとして参加し、交流が行われているのも大地の芸術祭の特徴である。

会場内では、ワークショップやさまざまなイベント、パフォーマンス、ガイドツアーなどが行われ、地域の食材を使った料理も味わえるなど、来訪者のニーズに合った楽しみ方ができるのも特徴の一つだ。

また、越後妻有に残る多くの空き家を作品として再生し、地域を結ぶコミュニティの場であった廃校の内外にも多くの作品が展示されている。トイレや宿泊施設などもアートプロジェクトとして整備が進められ、イベント期間中だけでなく、恒久的に楽しめる作品も増えている。

２０００年の第1回では約16万人余りの来場者だったものが、２０１５年に開催された第６回では50万人を超え、３倍の規模となっている。国内外で美術の枠を越えた評価を得るとともに、徳島、茨城、新潟市、大阪、瀬戸内など全国のさまざまな地域づくりに影響を与え、類似のイベントが各地で開催されるきっかけともなった。

大会期間中以外でも多くの作品が**越後妻有里山現代美術館「キナーレ」**や**まつだい能舞台**、**絵本と木の実の美術館**、**「森の学校」キロロ**など拠点となる施設で常設展や企画展が開催されている。野外イベントや集落の行事、親子向けのワークショップなどにも参加することができるなど、通年型のイベントとして地元にしっかりと根を下ろしている。
今や世界の芸術関係者によって越後妻有の地は注目を集めている。新潟は現代アートの聖地なのだ。

新潟のお宝がザクザク

▼新潟の日本1

新潟の日本1はいろいろある。そう、日本に誇る新潟の宝は一杯あるのだ。ここでは新潟の宝のラインナップの一部を紹介する。

日本1古い小学校が新潟にあるのを皆さんはご存知だろうか。開港5港の一つだった新潟市か、あるいは米百俵で教育に力を注いだ長岡市と思う人が多いだろう。だが、その小学校は両市にはない。あるのは小千谷市だ。1872年に学制が定まり、全国に小学校が作られる4年前に日本で一番古い公立小学校として誕生したのが**小千谷市立小千谷小学校**だ。

1868年（明治元年）、小千谷では、新政府軍と会津藩、長岡藩との戊辰戦争が続き、長岡藩家老河井継之助と新政府軍の大将岩村精一郎による寺町の慈眼寺での話し合いも決裂し、戦いは熾烈な状況となった。

そんな中で、新しい日本に役立つ人間を育てるには、誰もが入れる公の学校をつくって教育することが必要だと訴えた山本比呂伎《やまもとひろき》の願いが、当時の柏崎県知事に認められた。これが小千谷小学校の誕生である。

新潟の日本1は県のHPによればさまざまあるが、なるほどと思わせるものも少なくない。例えば**県内の神社の数**は4743社で日本1多い。仏教も盛んではあるが、神社の数も確かに県内を歩いていると多いと感じることがある。

その中心となるのは**彌彦神社**だろう。彌彦神社は万葉集にも歌われる古社で、祭神の天香山命は越後国開拓の祖神として信仰されたほか、神武東征にも功績のあった神として武人からも崇敬された。宝物館には日本有数の大太刀である志田大太刀《しだおおたち》や、源義家や源義経、上杉謙信などに所縁と伝えられる武具などが社宝として展示されている。

彌彦神社

日本1古い即身仏が**長岡市寺泊の西生寺**にある。1363年に御入定されたのが弘智法印即身仏である。

新潟県の山古志郷（現在の小千谷市と長岡市の一部）が**錦鯉発祥の地**だ。錦鯉の事業者数は日本1で、名実ともに日本1の錦鯉の地だ。県の観賞魚になったのは記憶に新しい。

チューリップといえば富山県をイメージする人が多いだろうが、

実は切り花の産出額としては新潟県が日本1だ。新潟県の花にもなっている。どうもPRベタなのか、新潟の凄さは十分発信されていないものが少なからずある。

ゆりの出荷額も日本1だ。ちなみに新潟市の小須戸は盆栽で人気が高い**ボケ**の日本1の産地だ。**シャクナゲ**の鉢物や**アザレア**も同様だ。実は野菜だけでなく花の世界でもお宝満載なのである。

花を楽しむ場所も豊富だ。秋葉区にある**新潟県立植物園**には国内最大級のドーム型温室があって、バオバブやオオオニバスの開花は国内でも珍しい。長岡市には雪国越後の里山をそのまま利用し、山野草などを大切に保護する自然植物園である**雪国植物園**がある。

三条市には県内有数の植木産地の保内地区に自然の地形を活かして整備した**保内公園**があって、南国ムードあふれる熱帯植物園温室が設置されている。見附市には近隣では類を見ない本格的な英国庭園様式を採用した**みつけイングリッシュガーデン**がある。

食べ物では、お米王国だけに、煎餅などの**米菓や切り餅の出荷額**はナンバー1、**水産練製品**もそうだ。きのこも凄い。舞茸、なめこ、ひらたけは日本1の生産量を誇る。特に舞茸は全国の6割以上を算出しているのだ。

製造業では、**見附市や五泉市のニット**、**燕市の金属洋食器**、**三条市の石油ストーブ**の出荷額が日本1となっていて、**原油や天然ガス**も依然として国内では一番だ。

新潟市内には、**日本1の規模の川の立体交差**がある。川が立体交差するのか？と思う人もいるだろうが、実は荒川などで結構多く見られるものだ。西区の新川の上を西川が垂直にトラス橋で横切っている。

新川は人口の放水路で、新田開発、潟湖や低地の排水改良のため、人の努力と汗によって作られたものである。

新川流域の西蒲原地域は江戸時代、大小の潟湖が点在する広大な低湿地だった。重要な舟運路である西川の流れを維持しながら、低地の排水を行うための新川を建設するには西川と立体交差させなければならず、高度な技術と多くの資金、人手を要して1820年に完成した。

今の橋は3代目に当たる。この光景は何度も見ているが、いつも不思議な感じがするものだ。土木の工作機械がなかった江戸時代にどのようにして人力で完成させたのか、先人の努力がしのばれる。

川といえば日本1の長さを誇るのが**信濃川**だ。長野県内では千曲川で、新潟県内に入ると長野県の国名である信濃を使うのはなんとも面白いではないか。新潟には川の立体交差をはじめ、数多くの土木遺産ともいうべきものがある。

信濃川の水を日本海に流すため、**大河津分水**の建設が1909年から行われ、規模の大きさと工事の難しさから、当時東洋一の大工事、東洋のパナマ運河と称され、1922年に完成している。

このほか、長岡市の山古志地域には**中山隧道**という人の手で掘られたトンネルがある。1949年に16年の歳月をかけて完成し、人が通れる手掘り隧道としては、日本1の長さ

（８７７ｍ）を誇るものだ。

▼新潟は秘湯天国！

新潟県内の**温泉地数**は１５３で北海道、長野県に次いで**全国３位**だ。日本観光経済新聞社が主催するにっぽんの温泉１００選は、観光のプロの投票によるランキングだ。２０１６年度、新潟県内の温泉地では月岡温泉がこれまでの最高順位の15位となっているが、このほかは瀬波温泉の69位、越後湯沢温泉の90位とちょっと物足りない結果になっている。

新潟の温泉地の特徴は、どちらかといえば大規模な保養地というよりはこぢんまりした渋い温泉が多いところにある。ランキング入りしているところはどちらかといえば団体客も数多く訪れる温泉地だ。

その一方で日本秘湯を守る会の１７１の秘湯のうち13が新潟にあるなど、魅力的な温泉の一軒宿は少なくない。このうち、阿賀野市の**出湯温泉**は、弘法大師開湯と伝わる１２００年の歴史があり、古くより湯治湯として親しまれている新潟県最古の温泉地で、清廣館は、昭和初期に建築された木造三階建てで有形文化財にも指定されている純和風の宿だ。

越後長野温泉と聞くと、新潟なのか、長野なのかと思ってしまうが、三条市の守門岳、八十里越えの山々に源を発する守門川の流れのほとりにあって、桜や銀杏の古木に囲まれ、川沿いの古い建物の渋い温泉宿が嵐渓荘だ。

養老年間に発見されて子宝の湯としても有名な魚沼市・**栃尾又温泉**の自在館や上杉謙信が関東攻めに将兵ともども旅の疲れをいやしたといわれ、眼の温泉としても知られる湯沢町の**貝掛温泉**も渋いところだ。

有馬、草津とともに日本三大薬湯といわれる十日町市の**松之山温泉**の凌雲閣は、昭和初期の木造三階建てで温泉情緒が感じられる。糸魚川市にある**白馬岳蓮華温泉**はまさに山小屋といった風情で、雲上の露天風呂で北アルプスを満喫することができる。

新発田市には秘湯中の秘湯、**湯の平温泉**がある。飯豊連峰に向かう登山道の途中にあって、周囲はブナ林に囲まれている。飯豊川のせせらぎと小鳥のさえずりしか聞こえないこれぞまさに秘湯といった特別の場所だ。7月から10月までしか入れないという希少価値の高い露天風呂だ。

秘湯と呼ばれるほどではなくても、里山のようなところにほっこりとした静かな温泉地があるのも新潟の特徴だ。田上町の**湯田上温泉**は、護摩堂山の中腹に、越後平野を見下ろすように温泉宿が静かなたたずまいを見せている。開湯の歴史は古く、薬師の湯と呼ばれ湯治客に親しまれてきたところだ。

新潟の温泉地はどこも美味しい料理に美味しい日本酒を味わえるという特権が付いている。泉質のよい温泉地も多く、まだまだ磨けば魅力は増すはずだ。

▼新潟には奇祭がいっぱい

どこの地域にも祭はつきもの、新潟県内にもさまざまな祭がある。花火大会などは祭とセットがほとんどで、寺社の多さが祭の多さにもつながっている。

普通の夏祭ももちろん楽しいものだが、新潟は実は奇祭といわれる個性的な祭もいっぱいある。その代表例が、南魚沼市の**越後浦佐毘沙門堂裸押合大祭**だ。江戸時代のベストセラー「北越雪譜」にも記載された歴史ある祭典で日本三大奇祭の一つとされている。約1200年の歴史があって、国の選択無形民俗文化財にも指定されている。

我先に毘沙門天に拝もうと集まり始め、多くの民衆が押合い始めたのがきっかけとされている。現在は上半身裸でさらしを巻いた男衆が「サンヨー、サンヨ！」の掛け声と共に押合い、一段高い所に祀ってある毘沙門天を誰よりも早く、近くで参拝しようと押合う様には圧倒される。

また、重さ約30kgの大ローソクを使用することから大ローソク祭とも言われている。太陰暦の時代には毎年正月3日に行われた例祭は、太陽暦の導入とともに3月3日に改められた。

糸魚川市の旧青海町の東町と西町に江戸時代から続き300年以上の歴史を持つとされる「**青海の竹のからかい**」は、全国的にも大変珍しい小正月行事で1月15日に行われる。日本全国に3つあったといわれているが現在残っているのはここだけで、国指定重要無形民俗文化財にも認定されている。

竹のからかいは民間信仰から発生したもので、五穀豊穣や除災招福・家内安全を願ったものだと言われている。顔に隈取《くまど》りをした若衆が佐儀長《さぎのちょう》の歌を歌いながら竹の周りを回った後、竹を倒して引き合い、竹が折れたり、割れたり、相手に多く引かれてしまったほうが負けとなる。祭りで使用した竹は青海の海岸で賽《さい》の神《かみ》焼きをし、その年一年の無病息災と豊年・豊漁を祈願する。

聖籠町の**亀塚練馬**《かめづかねりば》の始まりは1719年だった。集落で、最も崇敬を集めていた神明社が火事で全焼するという厄難に見舞われ、そこで厄を祓い、無病息災、五穀豊穣を祈るために始められたといわれている。

稲わらで作る大きなしめ縄（練馬）を集落内の数えで19歳の若者が肩に担ぎ、集落内を練り廻り最後に諏訪神社に奉納する。練馬は奉納するまで決して地に落としてはならず、万一落とすと担ぎ手は海に一晩中つけられ、練馬は再び集落総出で作り直し、数え18歳の若者が代わって奉納することになっている。

長岡市栃尾で開催される**ほだれ祭**は奇祭中の奇祭だ。ほだれとは「穂垂れ」、すなわち稲や粟がたわわに実り、穂先が垂れる形に由来する言葉で、農耕の実りを表すものだ。

道祖神のひとつである男根形のほだれ様は、農耕の実りと人の実りを守る神様として、古くから信仰されてきた。栃尾地域の市街からほぼ南へ７㎞ほどいった下来伝地区には、日本一の大きさを誇る「ほだれ様」が祀られており、毎年3月の第2日曜日には地区をあげて、高さ2・2m、重さ約600㎏の巨大な男根形の御神体のご利益にあやかろうとするほだれ祭が催される。

栃尾に嫁いできた初嫁が神輿に乗った御神体にまたがり、これを村の男衆が担いで村内を練り歩き、五穀豊穣と子宝・安産を願うもので、もともとは小さな村の祭だったが、今では市外・県外からも若い女性をはじめ多くの観光客が訪れる祭となっている。

栃尾がお嫁さんなら、十日町市松之山はむこさんだ。**むこ投げ**は、江戸時代から松之山天水越に伝わる小正月行事だ。天水越では、村の娘を嫁にもらった他の村の婿が、嫁同伴で藪入りの初泊まりに来ると必ずこの洗礼を受けていた。

朝に村の若者が集まって婿を村はずれの観音堂に背負って行き、みんなでお神酒をいただいてから婿を胴上げし、5メートルもある崖下の雪の中へ投げ落とすという荒っぽい行事だ。

この行事は嫁を追い出すことを禁じた行事ともいわれ、また一説には略奪結婚の名残で、よそ者に村娘をとられたという若者の腹いせがこの行事として残ったものだとも言われている。

三条市の**本成寺鬼踊り**は、室町時代、本成寺の僧兵と農民が力を合わせて盗賊を追い払ったという故事にならい、厄祓いの形で節分の豆まき行事として続けられている全国的にも珍しいものだ。

ものづくりのまち三条にふさわしく、鋸や斧、刃物を手にした赤・青・黄・緑・黒の鬼たちが本堂で大暴れし、最後に「福は内、鬼は外」の掛け声とともに年男・年女が豆を投げて撃退させ、平和と安全を祈る。鬼に抱かれた赤ちゃんは健康に育つという言い伝えがあり、毎年子ども連れでにぎわっている。

▼個性満載のイベントのいろいろ

奇祭以外にも個性的な祭が満載だ。阿賀町で毎年5月3日に行われるのが**狐の嫁入り行列**だ。津川地区のシンボルの麒麟山にはかつて狐が住んでいて、戦国時代には津川城がおかれていたが、古くから狐火（鬼火）と呼ばれる光が見られた。

現在はほとんど見られなくなったが、津川の狐火は出現率が世界一とも言われ、麒麟山及び狐火にまつわる数多くの話がある。この中で「狐の嫁入り行列」という言い伝えがあったものを1990年からお祭として実施している。

江戸時代の嫁入りを再現したもので、狐に扮した花嫁と仲人及びお供の行列が街道を練り歩く。ユニークな狐の動作を織り交ぜながら歩き、橋の上で花嫁と花婿が出会い、結婚式・披露宴を執り行うのだ。毎年地区の人口の10倍ほどの観光客で賑わっている。

関川村の**大したもん蛇まつり**も新しい祭だ。1988年、ふるさと創生真っ盛りの中で、関川村民みんなが参加できる催しをということで考えられたものだ。

メインイベントの大蛇パレードに登場する長さ82・8m、重さ2tの大蛇は村民の手作りで、竹とワラで作った世界一長い蛇としてギネスブックに認定されている。1967年8月28日に発生した羽越水害で村は多くの犠牲者を出しており、惨事を忘れることなく次代へ引き継ぐため、その日付に合わせた長さとしている。

関川村の大したもん蛇まつり

白根の大凧合戦

歴史のあるイベントとしては**凧合戦**が有名だ。全国的には浜松や愛媛県内子町のものがよく知られているが、**白根の大凧合戦**もこれらに負けない勇壮なイベントだ。３００年の伝統を誇る勇壮な合戦絵巻は壮観だ。

信濃川の支流、川幅約80ｍの中ノ口川の両岸から畳24畳分の大凧を揚げ、空中で絡ませ川に落とし、相手の凧綱が切れるまで引き合う勇壮な世界最大スケールの大凧合戦だ。

江戸時代の中頃、白根町の人が中ノ口川の堤防の改修工事の完成を祝って藩主から送られた凧を揚げたところ、対岸の西白根に落ち、家や農作物を荒らしてしまい、これに怒った西白根の人が対抗して凧を揚げて、白根側にたたきつけたことから凧合戦が始まったと伝えられている。

凧合戦は白根だけではない。８畳分の凧が使われ、見附市と長岡市で行われる**今町・中之島大凧合戦**や三条市で六角巻凧を用いて行われる**三条凧合戦**とともに、県指定無形民俗文化財「越後の凧合戦習俗」とされている。

このように、新潟にはありとあらゆるお宝がいっぱいだ。次に、そんなお宝をたくさん抱えたまちがどうすればもっと輝けるのか、考えてみたい。

第4章

新潟のまちの正しい磨き方

新潟県人は宣伝下手か

▼どこの県でも同じ声を聞くが

第3章で、新潟にはお宝がいっぱいあることについて触れたが、そこで挙げたのはごく一部に過ぎない。ここでは、他のお宝も紹介しつつ、新潟のお宝の正しい活かし方について考えるとともに、お宝を抱えたまちそのものの正しい磨き方を提案したい。

どこの県も自分のところは宣伝下手と卑下するが、新潟県も例外ではない。恐らく、関西の一部を除けば、皆似たり寄ったりではないだろうか。新潟の場合、客観的にみて一番下手ということでもないのだが、実際のところ、米、酒、雪の越後三白をはじめとする従来からの地域資源に胡坐をかいて、他のお宝をあまり真剣に発信してこなかったようにも思えるのだ。

東京のアンテナショップであるネスパス新潟は、他県のアンテナショップと比べると比較的上手く新潟のお宝を発信しているが、せっかくお宝があっても知られていないと結局のところ、ないのと一緒である。

▼地方創生花盛りの中で

総務大臣や岩手県知事を務めた増田寛也氏らによって発表された**消滅可能性都市**がマスコミでセンセーショナルに取り上げられ、国、地方が地方創生に本格的に取り組むようになってまる2年が経過した。人によって地方創生の捉え方はさまざまであるが、分かりやすく言えば、まさに本シリーズが掲げている地域活性化そのものである。

東京などの大都市ばかりが豊かになり、人もモノもお金も情報も、そして地方の人間の心まで集中し、その反面、元気がなくなっている地方に、もう一度活力を注入するためにさまざまな仕掛けが展開されているのだ。

私も隣の群馬県みなかみ町の参与として地方創生に携わっている。ある意味自治体間、地域間の大競争時代だ。人口急減・超高齢化という我が国が直面する大きな課題に対し、各地域がそれぞれの特徴を活かした自律的で持続的な社会を創生できるよう、国、そして自治体は、まち・ひと・しごとの地方創生の取り組みを開始した。

キーワードはまちづくりであり、人づくりであり、仕事づくりである。

地域の個性を活かしながら、いかにしてまちを活性化させるか、知恵と工夫が求められている。よそのまちと同じことをやっても上手くいくとは限らない。猿真似ではむしろ失敗するケースのほうが多いだろう。

どこの自治体でも移住・定住を進めている。周りはみなライバルといってもいいだろう。だが、ライバルだからといって敵対視ばかりしていては、地域は元気にならない。

▼コラボの時代

そう、ライバルであっても時には手を取り合って協力することも必要になってくる。右肩下がりの時代の中で、さまざまな連携、いわゆるコラボが欠かせないというわけだ。それも、官と民、国と県、県と市町村、県内と県外といったさまざまな組み合わせで地域活性化、すなわち地方創生に取り組むことが必要となる。お互いのいいところを尊重し合い、地域エゴを超えた取り組みが求められている。

北陸新幹線建設負担金問題で拗らせてしまった周辺県との関係悪化を改善することはもちろんだが、特に観光の分野ではコラボが一番必要とされるのだ。

観光客は市町村や都道府県の境界を意識して旅することはほとんどない。単独の自治体だけでやれることには限界がある。広域的な魅力づくりを周辺自治体とコラボして行うことが大事だ。実際、まちづくりの分野でも成功事例とされるものはさまざまなコラボが上手くかみ合っている。新潟県内でその代表例といえばやはり村上市だろう。

村上の光り輝くまちづくり

▼市民の力をまちづくりに

新潟には魅力的なまちが少なくないにもかかわらず、これまでまちづくりの面では他県に比べると今一つと感じていたのは私だけではなかったはずだ。確かに、新幹線や高速道路は地方の中ではかなり早い段階で整備されていった。これはやはり首相を務めた田中角栄氏の功績だろう。ハード面ではかなり恵まれたが、まちづくりというのはモノをつくるだけではない。景観やさまざまなイベント、住民の関わりなどソフト面が充実していなければ、ただのハコだ。残念ながら、この象徴的な存在は県都新潟市だ。それでは、新潟のまちづくりはそんなにダメだったのだろうか。

もちろん、新潟市のまちづくりは反面教師の側面が少なくないが、県内をよくよく見れば、全国に自慢できるまちづくりも各地に見られるのだ。

まちづくりというものは行政だけが取り組むものではない。それを実証したのが村上市で20年間まちづくりに取り組んでいる**味匠喜っ川**の**吉川真嗣**氏らの活動だ。ここはもともとはサケの加工品を製造し販売するお店だ。

私も吉川氏にはテレビの仕事や研修の講師などで何度もお話を聞いたことがある。その穏やかな人柄の中に秘められたまちづくりの情熱、これは全国各地で活躍しているまちづくりのキーパーソンに負けないどころか、日本1では、と思うこともある。吉川氏の取り組みについては観光庁のHPを参考に、少し長くなるがまとめてみた。

村上市は県の北部に位置する人口3万ほどの小さなまちだった。今では平成の市町村合併によって県内で最も面積が広い市となり、人口も倍にはなった。県内で最も古い城下町でもあり、全国的にも貴重な城跡や武家屋敷、町屋、寺町の面影が今なお残っている。

中でも旧町人町と呼ばれる中心市街地は、かつて村上の商業の中心だった地域で、現在は商店街を形成しているが、昔ながらの町屋が数多く残されている。

こんな魅力的な城下町も、他の地域同様、1980年代以降郊外型の大型店が進出し、中心市街地の商店街を訪れる地元の人々も減少していった結果、中心市街地は地方の都市によく見られるような寂れた商店街になってしまっていた。

1997年頃、商店街の道路拡幅などを含む近代化計画が持ち上がったが、商店街の商店主たちは、大型店に対抗するための商店街再生の起爆剤としてこの事業を当初は歓迎していた。

一方、東京の商社勤めを辞めて実家の跡取りとして戻ってきた吉川氏は、当初は、行政の安易な道路拡幅計画に反対することとしたが、行動が突然だったこともあって、反対運動はすぐさま挫折したのであった。

ちなみに吉川氏を反対運動に導いたのは、全国各地のまちづくりの取り組みをつぶさに見てきたということ、さらには会津若松市で当時、全国町並み保存連盟会長を務めていた菓子屋の主人、**五十嵐大祐**氏との出会いだった。

五十嵐氏によって「道路拡幅して栄えた商店街はない」と吉川氏が諭され、道路拡幅以外で村上のまちを活性化しようと立ち上がったのだった。

▼挫折をバネに

反対運動の挫折を契機に、吉川氏は別の道を選んだ。それは、実際に町屋など歴史あるものを活かしてまちを活性化することにより、人々に村上の持つ価値を示し、村上の進むべき方向を変えていくことだった。

ここで、吉川氏は、店を訪れた客を店の一歩奥の生活空間である茶の間まで通して、町屋の中を見せるという取り組みを思いついたのだった。商店を営む町屋を一軒一軒訪ね、この取り組みに参加してくれないかとお願いしてまわった。

吉川氏の熱心な呼び掛けに当初22の店舗が応じ、吉川氏が会長となって1998年7月、「**村上町屋商人会**」が発足した。これが、吉川氏がたった一人から始めたまちの活性化の第一歩だった。

商人会の活動は、町屋の中を見せること、それだけのこととして始まったが、吉川氏はこの活動のアピールのため、自身の手で「**村上絵図**」を作成した。この商人会の取り組みは、人が住まない保存されただけの無味乾燥な建物を見るというのではなく、人々の生活が息づく生きた町屋を見せるという「本物感」がうけて、訪れた人々にたいへんな評判となった。

こうして町屋の内部に光が当たり始めた。それは村上の人たちの町屋に対する価値観が変わり始めた瞬間でもあった。しかし、吉川氏はこれだけでは満足していなかった。さらに町屋に光をあてる手段を考えていたのである。

吉川氏は、全国のまちを見てまわった中で、ひな人形を蔵に展示したところ、人が大勢集まったところにヒントを得て、村上の町屋にひな人形を飾り、訪れた人々に無料で見てもらうことを思いついたのだ。

歴史ある城下町である村上の家々には、江戸期などの古い立派なひな人形が数多く残されている。そのひな人形を店先ではなく、その一つ奥の茶の間に飾ることによって、訪れた人々に人形とともに町屋の中も見てもらおうというのである。

これであれば今すでにある人形を飾ってもらえばよく、新たな資金も要しない。最終的には

100軒近くをまわり、うち60軒がこの取り組みに賛同してくれたのである。

吉川氏はこの町屋で人形を飾るイベントを「**城下町村上町屋の人形さま巡り**」と銘打ち、開催期間は3月1日から旧暦のひな祭りにあたる4月3日までとした。マスコミでも大々的に紹介されたこともあって、2000年に開催された第1回の人形さま巡りの期間中には全国各地から当時の村上市の人口に匹敵する3万人もの観光客が訪れた。

参加店では展示している人形についていきいきと説明するお年寄りの活躍も話題となったのだった。

▼さらなる展開

一般的にまちづくりの企画を成功させても、数年はその成功体験に浸るケースが少なくない。それに対して吉川氏は成功に満足せずに、次から次へと村上のまちの活性化に向けた取り組みを進めたのである。

第2回の人形さま巡りが成功を収めた頃、吉川氏はこのほかにも町屋を活かした催しができないかと思案をめぐらせていた。それが秋に行われる「屏風まつり」だ。これもお蔵入りになってしまった古い屏風や道具類を町屋の茶の間に飾ってもらい、訪れた人々に見てもらうというものである。

2001年に行われた「**町屋の屏風まつり**」は、人形さま巡りほどの人出ではないだろうという事前の予想を覆し、それを上回る人出となった。

どちらも、城下町・村上の家々に眠っていた宝を掘り起こすことによって、費用もほとんどかけずに、また行政にも頼ることなく村上に多くの人々を呼ぶことに成功したのであった。村上に大きな経済効果をもたらし、まちの活性化に多大の貢献となったのである。いずれの催しもその後毎年開催されており、現在では10万を超える人出となっている。そして村上の名は、県内はもとより全国的に知られるようになってきたのだ。

また、JR東日本とのコラボもまちづくりを進める力となった。2002年の第3回「人形さま巡り」のオープニングに合わせて「**SL村上ひな街道号**」を運行させたのである。

さらに、観光の中心であった**瀬波温泉との連携**を進めたのも吉川氏である。町屋のある中心市街地が新たに注目を集め始めたことによって、「泊・食分離」を行って料亭が多く残る中心市街地との役割分担を行ったり、旅館やホテルに町屋案内の「村上絵図」を置いたりするなど、町屋の観光と連携した取り組みが始まったのだった。

▼村上ルネッサンス！

このように観光の分野で吉川氏は市民とともに次々と新たな取り組みを成功させていった。そして次に取り組んだのが**村上の景観の再生**だった。

アーケードやアルミサッシなどによって近代化されて魅力を欠いてしまった村上のまち並みに

必要なのは歴史的景観の再生だと考えたからである。このため吉川氏は、二つの新しいプロジェクトを実施した。

その一つが２００２年から始めた**黒塀プロジェクト**である。これはブロック積みになってしまった塀を、かつての黒塀に戻そうという取り組みである。これはブロック塀の上に黒く塗った板を張り付け、黒塀に変えてしまうというものだ。これにも行政の力を借りることなく、黒塀一枚千円運動を展開し、市民から寄付を集めた。黒塀の製作は子どもから大人まで有志が自ら大工仕事をするなど、完全な市民活動として行っている。

この黒塀を活かした新たな取り組みとして、２００２年の秋に「**宵の竹灯籠まつり**」が行われた。これは黒塀を背景に、斜めに切った竹の中にろうそくを灯した竹灯籠を並べ、その灯りの誘導で小路を回遊してもらおうというものである。

回遊ルートの中にはお寺や料亭を組み込み、それらの場所で雅楽や三味線、琴やピアノなどの演奏会を催した。その演奏はほとんど地元村上の人たちが無償で行い、竹灯籠の準備も多くの市民がボランティアで行った。

吉川氏はさらに新たな取り組みとして、２００４年に**むらかみ町屋再生プロジェクト**を立ち上げた。これは市民が10年計画で1億円の町屋再生基金をつくり、アーケードやアルミサッシで近代化されてしまった町屋の外観を、昔ながらの格子や板戸に戻そうというものである。

この取り組みは、歴史ある景観をただ保存するのではなく、新たにつくり出し、さらにはかつてその名を馳せた「村上大工」の伝統的技術の伝承・復活まで視野に入れたものである。２０１４年からは、空き家が更地になるという課題に挑戦し、空き家の再生に１００万円の補助を出す新たな制度を作った。これによって６軒の空き家が店舗や住宅として再生され、外観再生と合わせて２０１５年度までに32軒が再生されたのだった。

村上のまちづくりは吉川氏が立ち上がってから20年を経過し、今もまた進化を続けている。まさに村上ルネッサンス運動といっても過言ではない。

村上の取り組みの凄さは吉川氏の情熱に負うところが大きいが、他の自治体の取り組みを参考にしたこと、まちの特徴を最大限に活かそうとしたこと、さまざまな人、機関と上手く連携したこと、さらには単に現状を維持するのではなく、新たな価値をつけることで街の魅力を向上させることなど、県内の他の地域にとって参考になることがいっぱいある。

村上は**サケ文化の歴史**が深く刻まれた街だ。サケに関する料理も１００種類を超えるといわれている。サケの食文化という点では北海道や東北を凌いで日本一といってもいいだろう。まちづくりの取り組みと食文化の組み合わせはある意味無敵ともいえる存在だ。吉川氏らの努力の甲斐もあって、町屋再生プロジェクトは日本ユネスコ協会連盟のプロジェクト未来遺産２０１６に選ばれた。まさに未来につながる遺産を行政の手をほとんど借りずに成し遂げたのである。新潟の逆襲はすでに始まっているのだ。

まちづくりは人づくりともいわれるが、新潟の逆襲を本格化させるためには第２、第３の吉川

村上のまち並み（上下とも撮影：著者）

氏が各地で立ち上がることが欠かせないだろう。

まちづくりは温故知新だ！

▼糸魚川、ピンチをチャンスに

県外ではちゃんと読めない人も多い糸魚川市、それをネタにしたPRも行っているが、2016年12月22日の大火は多くの人がショックを受け、糸魚川市の名前を改めて記憶に新たにしたことだろう。150棟ほどを焼失したのだ。不幸中の幸い、死者はいなかったが、復興まではまだまだ道半ばである。

地震以外の大火は全国的にも久しくなかっただけに、火事の恐ろしさというものがまざまざと見せつけられた感もある。中越地震の時もそうだったが、ピンチをチャンスに変える取り組みなくして新潟の逆襲はあり得ない。

糸魚川市もお宝に溢れたまちである。何といっても2015年3月に開通した北陸新幹線の駅があるという強みがある。これを機会にもっと活かすべきだろう。糸魚川駅からは北には日本海を、南には北アルプスの山々を望むことも可能だ。北口が日本海口、南口がアルプス口となっていることもうなずける。

糸魚川ジオパークは２００９年に日本初の世界ジオパークとして登録された。ジオパークは、地球・大地を意味するジオ（Geo）と公園を意味するパーク（Park）とを組み合わせた言葉で、地球科学的な価値を持つ遺産を保全し、教育やツーリズムに活用しながら、持続可能な開発を進める地域認定プログラムだ。

糸魚川市には糸魚川静岡構造線が通り、フォッサマグナの西端に位置することで、独特の地形群に恵まれているのだ。糸魚川ジオパークには、海、山、川など24のジオサイトがある。フォッサマグナミュージアムをはじめ、さまざまな施設も魅力的だ。

糸魚川といえば**ヒスイ**が有名だ。ヒスイは漢字では翡翠と書く。宝石の一種で、特に東洋で人気が高い。古くから日本で広く長い間にわたって利用されてきた。

縄文時代から弥生・古墳時代には非常に珍重されるとともに、考古学的に重要であり、地質学的にも日本ならではの石ということもあって、２０１６年９月24日に日本鉱物科学会が「国石」に選定している。日本最大の産地としてジオパークとともに糸魚川の魅力発信にもっと活用すべきだろう。

糸魚川の魅力はこれだけではない。何といっても**日本海の海の幸**に恵まれているのは強みだ。糸魚川ではベニズワイガニ、南蛮エビ、そしてあんこうなどがお勧めだ。特に、あんこうは茨城などの有名な産地に負けない味だ。このほか、午後３時からセリが見学できる能生港もあって、多くの観光客に人気だ。

大火で焼けた加賀の井酒造の酒は、富山県黒部市の銀盤酒造の設備を借りて製造を再開した。やはりまちづくりにコラボの精神は欠かせないのだ。

糸魚川の復興には、様々な連携が欠かせないが、すでにその下地は出来ている。2016年10月、新潟県の糸魚川青年会議所が「AWARDS JAPAN 2016」の最優秀グランプリとして日本青年会議所より選ばれている。これは長野県白馬村を訪れる外国人スキー客向けに直行便「糸魚川シーフードバス」で、新鮮な糸魚川のグルメを堪能してもらうための事業だ。全国の青年会議所の活動で最も優れたものとして表彰されたのだった。スキーリゾート地として人気の白馬村では周辺に飲食店が乏しく「夕食難民」の対応に困っていたため、糸魚川青年会議所のこの取り組みが外国人観光客に大好評だったのだ。

まさにコラボの時代である。昔ながらの雁木通りを復活させる計画も進みつつある。周辺地域との上手なコラボが糸魚川を不死鳥のように羽ばたかせるのだ。

▼世界1古い！映画館をまちの宝に

上越市は、もともとは港町の**直江津市**と城下町の**高田市**が1971年に合併して誕生したまちだ。その中でも高田は今でも雁木《がんぎ》のまちとして、また、豪雪地として社会科の教科書などでも紹介されている。江戸時代までは多くの人口を抱え、明治維新で活気を失ったものの1910年に陸軍第13師団の誘致によって、まちの賑わいも戻ってきたのだった。

高田世界館の内部

その翌年の1911年に出来た劇場が高田座だった。当時の新聞によれば、ルネッサンス式白亜の大劇場と称され、当初から洋風の意匠を凝らした建築物であったことがうかがえる。1916年には高田座は常設映画館高田館に模様替えした。当時の客席は畳敷きで、その後は椅子式となり、映画の興隆とともに高田館は多くの人で賑わったのだった。

1970年以降はテレビの普及や娯楽の多様化によって、映画館への客足は全国的に遠のいていった。高田館も名称も映画の配給先も度々変わっていったが、1975年には高田日活となって成人映画専門となってしまったのである。

これが幸か不幸か、建物に関してはほとんど手が加えられず、結果的に明治から大正にかけての雰囲気が残り続けたのだった。おそらく、13師団の歴史を引き継いだ陸上自衛隊高田駐屯地の若者などが通ったことによって生き残ったのだろう。

２００1年以降、成人映画館として営業を続けながら、不定期に市民有志によって映画上映などが行われてきたが、２００7年に所有者が廃業の意向を示したことによって、市民有志が立ち上がり、映画館の再生保存、そして活用に向けた具体的な検討と募金活動が繰り広げられ、２００9年には**高田世界館**として再出発したのだった。

現役で営業上映している映画館の建物としては日本最古級と言われ、同年には経済産業省から三越日本橋本店本館や市政会館・日比谷公会堂と並び、近代化産業遺産として認定されている。現在ではＮＰＯ法人街なか映画館再生委員会が管理運営を行い、高田世界館は登録有形文化財にも認定されている。

上越市の高田世界館は10年前にはほとんど市外の人には知られていなかった。まだまだ地域の宝は眠っているのだ。新潟県内にも日本各地にも、地域を元気にしてくれる宝探しをもっとやる価値は大いにあるだろう。

このような古くて味わい深い建物は使い続けることで活きるものでもある。高田世界館のように市民有志が地域の活性化に向けて全力で取り組んでいるところを支援できないようであれば、地方創生などまさに絵にかいた餅となってしまうだろう。

ちなみに、現存する世界最古の映画館はフランスのマルセイユ近郊にあるエデン座で、19世紀末に建設されたとされている。しかしながら、この映画館は２０１3年以降、8億円もの巨費をかけて改装されており、開館当時の面影は特に内装に関してはあまり残ってはいないだろう。アメリカでも常設映画館が登場したのは１９０５年頃と言われている。開館当時の面影を残しているという意味では、高田世界館はもはや日本だけでなく世界最古級なのだ。

上越市には高田城やその周辺の夜桜、上杉謙信ゆかりの春日山城、雁木づくりのまち並みなどお宝に恵まれているという地の利がある。高田世界館という名前の通り、世界に誇れるお宝をもっとまちづくりに活かそうではないか。

▼寺泊、実は北の鎌倉

長岡市と合併した旧寺泊町は、日本海沿岸を酒田から佐渡、能登、下関などを経て大坂に至り、さらに紀伊半島を迂回して江戸に至る海上輸送の西廻り航路の港町として、また、北陸街道の宿場町として知られていた町であった。

本州の中では佐渡島と最短の距離にあり、島との間を佐渡汽船が定期航路を運航している。最近では魚の市場通り（以前は魚のアメ横と称されていた）として多くの観光客で賑わっている。

寺泊といえば、安い海産物が豊富に手に入る市場のイメージが強いが、実は北の鎌倉、あるいは日本海の鎌倉とも称されているのだ。

寺泊が日本の歴史の上に初めて登場するのは、弘仁13年（８２２年）、国分寺の尼法光が旅人の難儀を救うために伊神の渡戸浜《わたべはま》（寺泊）に布施屋（無料宿泊所）を設け、渡船２隻を置いたという「袖中抄《しゅうちゅうしょう》」の記録とされている。寺泊の地名もここに由来すると言われている。

歴史の上でこの町が有名になったのは、順徳上皇をはじめ、日蓮聖人、藤原為兼や金山送りの無宿人たちが、ここから佐渡へ渡っていることでもある。また、源義経と弁慶が、北国落ちのとき、寺泊を通ったという説もあり、弁慶が自ら井戸を掘って義経に供したといわれている弁慶井泉も残されている。

江戸時代の寺泊は日本海の要港として栄え、越後米の移出港として日に千俵の米が積出され、また、北国街道の宿場町としても、千客万来の活気に溢れていたとも言われている。奈良時代草創と伝えられる幾つかの寺との関わりもあり、寺泊の名が示すように由緒ある多くの寺が建ち、人々の信仰心も篤く、人情豊かな町として今に至っている。

寺泊には、片町の照明寺観音堂、良寛仮住の密蔵院から船絵馬のある白山媛神社、順徳上皇・藤原為兼・宗良親王の史跡である聚感園《しゅうかんえん》、良寛の妹むら子の墓がある上田町などさまざまな史跡に恵まれ、さらに大正時代から海水浴場として栄えたことも鎌倉と相通じるものがある。

実際、海がすぐそばにもかかわらず、寺が高台にあり、また、それがあちこちに点在する様はまさに北の鎌倉、小京都ならぬ小鎌倉の趣があるのだ。半日くらいの散策にちょうどよい場所で、地形的にも是非ＮＨＫのブラタモリでも取り上げてもらいたいところである。

新潟には寺泊のような地元の人にもあまり認知されていない隠れた名所が数多くあるのだ。これを磨かずして新潟の逆襲はあり得ないだろう。

▼出雲崎のまち並みは〝重伝建地区〟クラス！

村上、寺泊と並んでまち並みの魅力が満載なのが出雲崎町だ。出雲崎は大国主命によって開拓されたと伝えられていて、江戸時代は天領地として代官所が置かれていた。佐渡の金銀荷揚げや北前船の寄港地、また、北国街道の宿場町として栄え、人口約2万人、人口密度は越後1といわれたほどのまちだった。

松尾芭蕉が、「荒海や佐渡によこたふ天河」の名句を残し、十返舎一九や吉田松陰なども訪れ、また、良寛生誕の地でもある。

出雲崎は、この地域一帯の政治、経済、文化、交通の中心都市だった。比較的狭い土地の中で、多くの人が住むための方法として、間口が狭く奥行きの長い妻入りの町屋が数多く作られた。これは、当時は間口によって税金がかけられていたため、節税対策のためでもあった。

奥行きの長い家の妻（端のこと）方向に出入り口を設け、これを正面とする建築様式のことだ。ちなみに、妻方向と直角に出入り口を設ける様式は正入りといい、村上市などの町屋で多くみられる。

北国街道に沿って妻入りの家が長さ3・6㎞にも連なる日本1のまち並みだ。由緒ある神社仏閣なども多く点在し、風情のある景観を作り出している。その一方で、過疎化の流れは出雲崎にも例外なく押し寄せている。

妻入りの家が連なるまち並み

今では人口も5千人を切り、空き家や空き地が目立つようになっている。妻入りのまち並みは歴史街道に選定され、県の景観形成推進地区にも指定されるなど高い評価を受けていることもあって、出雲崎町では景観に配慮した住宅などの修景を行う個人に助成し、まち並みの保存、活用が積極的に行われるようにさまざまな取り組みを進めている。

まち並み保全に関しては、国の**重要伝統的建造物群保存地区（重伝建地区）**という制度がある。文化財保護法に基づくもので、城下町、宿場町、門前町、寺内町、港町、農村、漁村などの伝統的建造物群とこれと一体をなして歴史的風致を形成している環境を保存するために市町村が定める地区を指す。

この制度は、文化財としての建造物を点（単体）ではなく面（群）で保存しようとするもので、保存地区内では社寺・民家・蔵などの建築物はもちろん、門・土塀・石垣・水路・墓・石塔・石仏・燈籠などの工作物、庭園・生垣・樹木・水路などの環境物件を特定し保存措置を図ることとされている。

２０１７年2月現在で全国１１４地区が指定されていて、有名なところでは倉敷、川越、萩、角館、妻籠宿など観光客が多く訪れるところも多い。だが、新潟県内では佐渡の宿根木だけしか指定されていないのだ。

近県では、富山県に4カ所、石川県に8カ所、長野県に7カ所あるのとは対照的だ。最近では長野市の戸隠地区が宿坊群・宿場町として指定されている。空き家や空き地の問題もあって、指定へのハードルは決して低くはないのかもしれないが、出雲崎のまち並みは他の重伝建地区に負けない魅力を持っている。今からでも遅くはないのだ。

このほか、出雲崎は日本で初めて石油の機械堀削に成功したことで知られる近代石油産業発祥の地であるとともに、日本の紙風船の8割以上を生産する地でもある。

海の荒れる冬場の漁業に代わる仕事として、また漁師の妻の手仕事として考えられたもので、現在では磯野紙風船製作所だけで作られている。紙風船は富山の薬売りが配置薬とともに子どもに配ったりもしていたものだ。演歌歌手ジェロの海雪の舞台でもある。

出雲崎もお宝に溢れている。寺泊と出雲崎は日本海に輝く珠玉のまちなのだ。

▼田舎にはお宝がいっぱい!

寺泊や出雲崎だけではない。小さな町や村、そして集落にも魅力的なお宝がまだまだ埋もれているのだ。新潟で一番人口の少ないのは日本海に浮かぶ**粟島の粟島浦村**だ。わずか360人ほどではあるが、島外から粟島浦小中学校に入学または転校を希望する児童・生徒を「**しおかぜ留学**」という形で受け入れ、島民との交流、粟島馬との交流などを中心とした個性的な教育体験を提供している。

2017年度には13名を留学生として受け入れている。この数は島民の4%近くで決して少ない数ではない。他の地域とつながり、コラボしながら島の生き残りをかけているのだ。

柏崎市高柳の荻ノ島環状集落は、日本のふるさとの原風景として注目を集めているところだ。かやぶき屋根の民家が田んぼを中心に環状に点在する全国でも珍しい集落で、日本のふるさとを思い起こさせる懐かしい風景は、訪れる人々の心を和ませてくれる。また、かやぶき民家での宿泊、食事もでき、田舎体験を存分に楽しめるのだ。

南魚沼市塩沢の牧之通りは、荻ノ島とは異なり、昔ながらのまち並みを再生した地域として注目を集めている。かつて三国街道宿場町の一つ、塩沢宿として賑わっていたが、宿場町としての面影は時代とともに失われてきた。

このため、塩沢の再生と子々孫々誇れるまちづくりをすることを基本理念とした取り組みが

1999年に始まった。雪国塩沢の歴史と文化を大事にし、伝統である雁木のある和風のまちづくりをしようと時間をかけてルール作りを行い、雁木のある風格ある建物が作られた。

牧之通りに立ち入ると、タイムスリップしたような景観が望め、江戸時代の宿場町の雰囲気を味わうことができる。

十日町市には奇跡の集落と呼ばれ、いわゆる限界集落から脱却した場所がある。それが**池谷・入谷集落**だ。ここのキーパースンは大阪出身の**多田朋孔**氏だ。

地域おこし協力隊としての3年間の任期終了後も池谷集落に定住し、米や野菜などを生産しながら地域おこしの取り組みを続け、その結果、13名だった人口が、2016年4月現在の時点で池谷集落は10世帯23名となった。限界集落から脱却（高齢化率39％、年少人口比率22％）し、まさに奇跡の集落と呼ばれるようになったのだ。

十日町市は全国的に見ても地域おこし協力隊員が多く、人口減少の中で、集落の活性化に熱心なところだ。

新潟の郊外の魅力的なお宝の一つがいわゆる**豪農の館**だ。大正時代、日本の五百町歩（500ヘクタール）以上の大地主の半数は新潟にあった。なかでも千町歩の巨大地主は新潟に5家を数えていた。最も大きな新発田の市島家は2000町歩で日本1の酒田の本間家に次ぐ規模だった。

新潟市の笹川邸、関川村の渡辺邸や魚沼市の目黒邸や佐藤家住宅、長岡市の長谷川邸などが国指定重要文化財に指定されている。新潟市江南区にある北方文化博物館は、大地主伊藤文吉氏の旧日本邸で、敷地８８００坪、建坪１２００坪、部屋数65の広大な施設は圧巻だ。これ以外にも県内の田園地帯には豪農の館が一杯だ。

これらを上手にコーディネートしたのが**にいがた庭園街道**だ。これは村上、関川、新発田、阿賀野、五泉、加茂、田上、新潟を結ぶ全長約１５０㎞の街道で、豪農や豪商の館、神社仏閣、町屋など日本の伝統建築に日本庭園がずらりとそろっている。

庭園を結ぶ国道２９０号は**ノスタルジックライン**と呼ばれ、日本の原風景である里山や水田、棚田、集落、山々が続く美しい景観で、新たなゴールデンルートとして国内外の観光客が多く訪れる可能性を秘めている。

このアイデアを県に提案したのもあの吉川氏らだ。新潟のまちの正しい磨き方は村上に学ぶことから始まるのだ。

目指せコンパクトなまちづくり

▼日本全国が注目する長岡市のまちづくり

本格的な人口減少社会が到来する中で、コンパクトなまちづくりが求められている。富山市が代表的だが、新潟県内でも市役所などをまちの中心に戻した長岡市も全国的に注目を集めている。

これまで日本の都市開発は、人口が増加する時代には中心部で地価が高いところよりも郊外の農地などを開発し、道路を通して住宅地を整備することが多かった。その挙句に郊外に大型店が続々と誕生し、まちの中心部の商店街はシャッター通りと化してしまった。

クルマ社会ではそのほうが便利と考える人も多かったが、高齢化が進行し、人口減に転じる中で中心市街地に人を集め、歩いて買い物にいけるようなまちづくりを進める動きが増えてきた。高齢者の交通事故増が社会問題となっている。郊外に流れた人の流れを再びまちなかに戻すほうが、効率的に行政サービスが提供できる。また、郊外を新たに開発して道路や上下水道などのインフラ整備をするのにもお金がかかる。むしろ施設をまちなかに集約したほうが安上がりで済むのだ。

長岡市は2004年の新潟県中越地震で大きな被害を受けたが、その後はコンパクトなまちづくりをめざし、中心市街地の再生を目指してきた。この10年余り、さまざまな取り組みを行っているのだ。

もともとは長岡駅を中心として駅前周辺が賑わいを見せていて、1988年には駅周辺に大型店が七店立ち並ぶなど、新潟市古町に負けない活況ぶりだった。

だが、長岡市の西部に大型ショッピングセンターなどが建設され、中心市街地の賑わいは消えてしまった。1995年の長崎屋の閉店を皮切りに、駅周辺の大型店は相次いで撤退し、現在で

シティーホールプラザアオーレ長岡（撮影：著者）

はイトーヨーカドー丸大だけが営業を続けるのみである。
　このため、長岡市では２００３年に長岡市中心市街地構造改革会議を設置し、２００６年には中心市街地の都市再生を目指した計画を策定し、具体的な取り組みをスタートさせた。その中の目玉事業が**シティホールプラザアオーレ長岡**だった。
　長岡市役所の本庁舎は１９７７年に郊外に移転していたが、中越地震では庁舎機能が一時停止するなど耐震性に問題があったため、建て替えが検討されていた。そこで、長岡市厚生会館などの文化交流施設があった駅前の場所に、市役所機能の中心市街地への集約と、市民交流の拠点施設を併せ持つ21世紀型のシティホールとして整備が進められ、２０１２年にオープンしたのだった。
　アオーレ長岡は、本庁舎とアリーナ、市民交流ホールなどを持つ交流施設、屋根付き広場からなる複合施設で、建物のあちこちに長岡市の歴史や産物がふんだんに盛り込まれているのが特徴だ。

図書館がその最たるものではあるが、市役所も多くの市民が訪れる公共の場の一つである。中心市街地に戻すことについては、自動車の利用者からは不満も少なくはないだろうが、まちなかの活性化には大きな効果がある。

さらに、市役所と合わせて市民が集う施設を併設し、バスケットボールやフィギュアスケートなど年間を通じてさまざまな集客イベントの開催や市民活動が幅広く展開されることで、アオーレ長岡の周辺は年中賑わいを見せている。

このほか、市街地再開発事業や長岡駅とつなぐスカイデッキの整備、まちなかキャンパス長岡などさまざまな取り組みによって、**一度は「死にかけた」長岡駅周辺地域が息を吹き返している**のである。

長岡市の魅力はまちの中心だけではない。先に触れた北の鎌倉、寺泊など周辺にも魅力的な地域が少なくない。その一つが上越線宮内駅近くの**摂田屋地区**だろう。この地区は昔から醸造文化で栄えた土地で、現在も味噌や醤油、日本酒の醸造が行われている。

まちを歩けば、あちこちから材料を煮る匂いや、酒や味噌などの発酵香が漂ってくるのだ。個性的な建物も揃っている。特に、明治時代に養命酒とトップを競ったという薬用酒であるサフラン酒の蔵元、**機那サフラン酒本舗**は一見の価値がある。

サフラン酒は昭和初期にはハワイにまで進出し、その蔵元にはこの地を訪れた名士たちも車を降りてわざわざ見学に来るような超有名スポットだったといわれている。

この蔵は、一世を風靡したサフラン酒本舗の初代・**吉澤仁太郎**氏が、贅の限りを尽くして築いたもので、当時は広告塔として利用されていた。東洋のフレスコ画といわれる鏝絵《こてえ》という漆喰のレリーフをちりばめた蔵は、日本一の鏝絵の蔵と賞賛されている。

最近では新発田市も駅前に図書館を作るとともに、市役所もまちなかに移すなどコンパクトなまちづくりに舵を切っている。コンパクト化はまさに時代の流れである。

▼シャッター通りが増える中で

日本全国、どこの商店街もシャッター通りといっても過言ではないくらい、商店街の衰退は著しい。イオンをはじめとする郊外のショッピングモール、バイパス沿いのロードサイドショップの台頭、ネット通販の隆盛、さらには高齢化、人口減少社会の中で消費のパイも小さくなり、後継者問題と相まって、商店街という言葉自体が死語になりつつあるといっては言い過ぎだろうか。

コンパクトなまちづくりが求められる一方で、商店街の衰退は地域社会をますます厳しい局面に追い込んでしまうだろう。

新潟県内の商店街も押しなべて衰退の傾向にあることには変わりない。２０１６年夏、新潟県商店街振興組合連合会の依頼を受けて講演をする機会を得た。テーマは地方都市のあり方、特に商店街のこれからということもあって、夏休み期間中に改めて県内の商店街のほとんどを自ら歩いて現状をつぶさに観察した。

他県同様、県内の商店街が置かれている状況は危機的だ。アーケードなどの施設は新しくしても残念ながら買い物客がまばらな商店街も少なくない。そもそもシャッターが半分以上閉まっていて、もはや商店街と呼ぶことすら相応しくないのではというところも見受けられた。

だが、まだまだ頑張っている商店街も各地にあるのが現実の姿だ。このような商店街は応援しないわけにいかない。ここに挙げる3つはその代表例だ。厳しい環境の時代だからこそ、商店街ルネッサンスを是非目指して欲しいものである。

▼リノベーションで元気になった沼垂テラス商店街

商店街が再生された好事例が沼垂テラス商店街だ。

シャッター通りになっていたエリアを再生させて誕生した商店街は、長屋造りの建物に雑貨店やカフェ、パン屋などが連なり、週末を中心ににぎわいを取り戻している。商店街から地域全体へ、活性化の輪を広げようとしている取り組みが全国の注目を集めている。

もともと沼垂市場として昔から使われていた長屋を改装し、2010年から少しずつお店がオープンしはじめたのだった。

2014年に店舗全体を管理する事務所が開設し、続々とお店が増えていった。2015年春にはついに、旧沼垂市場のすべての長屋が店舗として開業することになり、昭和レトロな町並みを残しつつも新しく生まれ変わった。そして名前も沼垂市場通りだったものが、オシャレな名前の沼垂テラス商店街にイメージチェンジしたのだった。

沼垂テラス商店街の30近くある店舗のラインナップはさまざまだ。飲食店、カフェ、居酒屋をはじめ、ジュエリーショップ、お花屋さん、お総菜屋さん、八百屋さん、魚・肉屋さん、パン屋さん、陶芸工房やガラス工房、オリジナルの北欧雑貨を販売するお店、デザイン事務所のアトリエ、古本屋さん、古道具屋さん、健康サロンなどまさに多種多様で、その多くは若者によって経営されている。若者の若者による若者のための商店街といってもいいだろう。

この商店街の凄いところはそれだけではない。元々営業を続けている八百屋・雑貨屋などと先駆的に始めたお店、さらにはこのまちに魅力を見出した若者たちのこだわりのお店が連携して新たな商店街を創りだしたというところにある。まさにコラボの力が地域を救うのだ。朝市も大人気で、近くにある峰村醸造や第3章でも触れた今代司酒造も勢いがある。

新潟駅からは歩くとちょっと遠いという声もあるが、ゆっくり歩きながら色々なところに立ち寄っていくと、ちょうどいい感じで商店街にたどり着くことができる。21世紀の理想の商店街像が沼垂の地に根付きつつあるようだ。

▼本町・人情横丁も負けていないぞ！

新潟市の古町も色々な企画を行うなど頑張ってはいるものの、往時の勢いはなく、シャッター通りが目立っている。それに比べると本町や人情横丁はかなり健闘しているのではないだろうか。本町6番商店街から人情横丁にかけては、昔から本町市場として新潟の庶民の台所を支えてきた貴重な存在だ。現在でも鮮魚や野菜などをお手軽な値段で買うことができる。本町にはイトーヨーカドー丸大新潟店があるが、商店街と大型店がちょうどいいバランスで共存しているのも特徴の一つだ。

これも一種のコラボと前向きにとらえることができるはずだ。アーケードの下には野菜や果物、花、季節によっては山菜などの露店が所狭しと並んでいる。

朱色のギザギザ屋根が連なり、小ぶりのお店が建ち並ぶのが人情横丁だ。正式名称は本町中央市場商店街で、昔ながらの塩干屋、浜焼き屋があるかと思えば、おしゃれな台湾茶の店や、雑貨ショップ、ラーメン店に丼店、カフェなども並ぶ。

薄い壁板だけを挟んでさまざまな商品を扱う個性豊かな店が不思議と同居するこのまちの姿は、ハモニカ横丁とも称される。

人情横丁は1951年に誕生したもので、それ以前は二番堀と呼ばれる堀割だった。堀を埋め立てて、この地に露天商が移ってきたのが始まりだった。現在では、40店舗ほどのお店がまさに

沼垂テラス商品街（上）と本町・人情横丁（下）
（上下とも撮影：著者）

昭和情緒の横丁を形作っている。

新潟市の商店街といえば、今や沼垂テラスと本町・人情横丁が代表格だ。この通りをブラブラすると安心感を覚えるのは私のような昭和世代だけではないだろう。

▼一番元気！　加茂の商店街

沼垂テラス、本町・人情横丁と引けをとらないのが加茂市内の商店街だ。加茂市は県内の20市の中でももっとも人口が少なく、3万人を割っている。

一方、北越の小京都としても知られている。その由来は京都・賀茂神社と加茂の鎮守社・青海神社との歴史的なつながりや三方を山に囲まれた市街地を加茂川が二分する地形、全国一の生産量を誇り、国の伝統的工芸品の指定を受け、200年以上の伝統を持つ加茂桐箪笥といった工芸品などが京都と似ていることなどによるものだ。

また、平安京遷都の794年にこの周辺一帯が京都・賀茂神社の社領になり、青海神社に賀茂神社のご分霊を祀ったことが加茂の地名の由来だ。

加茂駅近くには加茂山公園があって、5万本の雪椿が見られる。この加茂駅から約1キロの長い1本道に8つの商店街があり、この道はながいきストリートと呼ばれている。美しく、健康に、学び、出会いながら長生きするための商店街とのことである。

このながいきストリートを歩くと、県内の他の商店街に比べてシャッターを閉めている店が少

加茂の商店街（撮影：著者）

なく、元気に商売をしているところが多いことに気がつくだろう。特段、行列ができる店があちこちにあるというわけではないが、元祖スパゲッティグラタンの店、喫茶ピノキオやかりんとうの田辺菓子舗など個性がきらりと光る店も点在し、まさに地域住民の生活にこれらの商店街が染み込んでいるのだ。

雁木づくりの商店街を散策していると通りの脇に寺社をのぞくことができる。小京都といわれるのもうなずける光景が続く。近くに大型店が少ないということも幸いしているが、商店街の生き残りの一例として加茂市を忘れてはいけないだろう。

永遠のライバルの三条市と燕市は日本経済のけん引役！

▼競い合う三条市と燕市

新潟県の県央地域に相並ぶ三条市と燕市、日本の、そして世界のモノづくりの聖地として発展の可能性を秘めた地域である。

上越新幹線の駅名が燕三条駅、北陸自動車道のＩＣ名が三条燕ＩＣということからもなんとなく分かるように、この両市は一歩も引かない関係だ。人口規模や産業構造が似通っていることもあって、昔からライバル意識が強い。

市町村合併が全国的にブームとなり、地元の青年会議所同士は燕三条ＪＣと合併したにもかかわらず、三条市と燕市は結局のところ合併せず、今に至っている。

三条市は金物のまち、それも鍛冶のまちとして江戸時代から発展してきた。三条市のＨＰによれば、三条鍛冶の歴史は、寛永年間、河川の氾濫に苦しむ農民を救済するため、当時の代官が江戸から釘鍛冶職人を招き、農家の副業として和釘の製造法を指導・奨励したのが始まりとされている。

その後、寛文年間に会津方面から鋸、鉈などの新しい製造法が伝わると、製品も釘から鎌、鋸、包丁へと広がり、次第に専業鍛冶が誕生し、やがて金物専門の商人が生まれ、近接の地域から次第に県外へと商圏を広げていった。

現在では、三条鍛冶の伝統を受け継ぐ利器工匠具、その鍛造技術を基盤とした作業工具を始めとし、キッチン用品、大工道具、測定器具、園芸用品、アウトドア用品、リビング用品、住設機器などの金属加工を中心とした「金属産業都市・三条」へと発展している。

一方、燕市の産業も江戸時代の農家の副業だった和釘づくりに遡ることができる。和釘のほかにも自家用鋸の目立用の刃鉒、仙台出身の藤七という名の人物が始めた銅器、江戸や会津から伝わった煙管、矢立の製造も始められた。このように三条市と同じ和釘づくりに端を発しているが、それぞれの市では独自の路線を江戸中期にはすでに歩み始めていたのだ。

明治時代に東京・横浜で大災害や大火があり、和釘の需要はさらに拡大したが、燕・三条など国内の生産だけでは間に合わなかったことから、洋釘が導入され、結果として和釘の需要が減ってしまった。このため、和釘鍛冶業は、鉒、煙管、銅器、矢立、彫金など、他の金属加工業種への転業を余儀なくされた。

その中で、銅器づくりで養われた技術が大正時代に洋食器製造に活かされ、ヨーロッパなどへの輸出、さらには国内の食の洋食化による需要の拡大などによって、一躍洋食器の産地となり、今では国内生産の9割以上を占めるようになっている。

▼コラボする三条市と燕市

良きライバルとして発展を続けてきた三条市と燕市、最近ではものづくり先進地として連携を図る取り組みが増えてきている。そのきっかけとなったのが2007年に始まった、越後三条鍛冶まつりという物販と体験を中心としたイベントだった。

このイベントを進化させたのが、**燕三条プライドプロジェクト**である。燕三条地域の知名度を上げて、産業活性化を図るために、燕三条の地域ブランドの確立を目指そうというプロジェクトで、2009年に始動し、その一環として、一般の方が工場などを見学する「燕三条　まちあるき」が始まり、工場開放の動きが広がるようになった。

燕三条地域には外から集客を図ることができる観光資源は必ずしも多くはないものの、日本を代表する高い技術を持った工場は数多く存在している。普段は閉ざされている工場を開放し、ものづくりの現場を見学したり、ワークショップなどのアクティビティを体験してもらうことが考えられたのだった。

一般の人々からプロのバイヤーまで、広く工場の魅力を体感してもらい、燕三条地域を日本のものづくりの聖地にすることを目標に、行政と企業の職人、それに賛同する工場、プロデューサー、デザイナー、編集者などの協力により**燕三条工場の祭典**が2013年の秋に初めて開催された。

工場の祭典は、包丁や調理器具、農具、大工道具などの高い生産技術を誇る工場が、普段は閉ざされた空間であるものづくりの現場を一斉に開放することで、職人の手仕事や各工場で実施されるワークショップを通して、一般の人々がものづくりを見学・体感することができるイベントだ。

工場の祭典にはいくつかの特徴がある。その一つが**予約がいらない工場見学**ということだ。あらかじめ工場の開放時間を提示することで、だれでも自由に行けて、自由に見ることが可能となる。

また、案内人がいないかわりに、ピンクのストライプが目印になって、来訪者が工場の扉を開けることができる仕掛けとなっている。さらに、ワークショップが充実していて、日中だけでなく夜も職人と交流できる催しを設けていることも魅力の一つだ。

第1回目は54社の参加で来場者数は1万人ほどだったものが、2016年には96社が参加し、3万5千人以上の人が訪れるイベントに成長している。数多くのメディアによって、この工場による取り組みが発信され、日本全国に大きな反響を呼んだのだった。

イベント期間中に海外バイヤーの来場がきっかけとなり、ヨーロッパ各国への輸出が決まり、いまや包丁が1年待ちになるほど人気が出ている工場や、自動車メーカーと連携し、新製品開発を共同で行った工場もある。さらにイベント期間中以外にも工場を開放できるように、工場見学用に改装した工場もある。

このように、「工場の祭典」を通じて、工場はものづくりの枠を越え、地方都市の観光資源を担う存在となり、燕三条地域はさらなる注目を集めているのだ。

▼燕三条のエクセレントカンパニー

新潟で一番元気といっても過言ではない燕三条地域、凄い企業が数多く存在するのだ。三条市には人口当たりで日本1社長の数が多いという一種の都市伝説がある。それだけ中小企業が多く、繁華街の本寺小路は、人口10万規模の都市としては異例のお店の多さだ。

大手では暖房器具の**コロナ**の本社が三条市内にある。ホームセンターでシェア第3位の**コメリ**も創業の地は三条市だ。準王手の**アークランドサカモト**の本社も三条市だ。また、カタログギフト販売冊数日本1を誇る**ハーモニック**の本社もある。

三条市に本社を持つ企業の中で今一番勢いがあるのは**スノーピーク**だろう。その勢いは県内1、あるいは日本1といってもいいのかもしれない。今や日本のそして世界のアウトドア業界をけん引する風雲児だ。

元々は金物問屋だったが、オリジナルの登山用品や釣り具を開発したことからアウトドアメーカーとして事業を拡大していった。直火での焚き火が禁止されたキャンプ場でも焚火ができるステンレス製の焚火台をリリースし、ロングセラー商品として育て上げるなど徹底してユーザーの立場に立った製品開発を行い、高品質を磨くことをものづくりの理念としている。

槌起銅器

また、永久保証制度を導入していることも特徴の一つで、故障やテントの破れなどに関してほとんどすべてのアイテムが、自社のアフターサービスで修理を受けることができるのも魅力的だ。

実際、店舗で製品を眺めると価格は同業他社よりは高めとなっているが、高品質で高いサービスを提供していることが国内外のユーザーの心を鷲掴みにしているのだ。山井太社長自らが、ユーザーという立場から自分たちが本当に欲しい製品を作っているという、顧客本位の高品質なものづくりカンパニーなのである。

２０１４年にマザーズに上場してわずか1年後に東京一部に上場という快挙を達成している。下田地域に移転した本社・工場・キャンプフィールドは新潟の新たな観光スポットでもある。

すごい会社はこれだけではない。燕市の**玉川堂**は一枚の銅板を槌で叩き起こして銅器を制作する槌起銅器の伝統技術を200年にわたって継承している老舗企業で、銅に多彩な着色を施す技術は世界唯一だ。

ルイヴィトングループでシャンパンの帝王、グリュックオリジナルのボトルクーラーを共同開発するなど今や世界の玉川堂だ。名だたる百貨店に常設売り場を持ち、GINZA SIXにも店舗を展開している。JR東日本のクルーズトレイン、トランスイート四季島にも玉川堂の製品が使われている。

燕市の金属研磨のスペシャリスト集団、**磨き屋シンジケート**もものづくりのまちならではだ。研磨業の共同受注システムを商工会議所が中心となって構築し、アップルの ipod を研磨したことでも有名だ。

ノーベル賞の晩さん会で使われるカトラリーを製造しているのは燕市の**山崎金属工業**だ。

三条市にある**諏訪田製作所**のニッパー型の爪切りは、熟練職人が一点一点丁寧に手仕上げして作られた機能本位の美しいフォルムで、爪の形にカーブした刃は巻き爪や変形した爪の手入れも可能なことから、プロのネイリストや医療関係者に愛用されている。今では海外でも高い評価を得るエクセレントカンパニーだ。

1926年に創業し、今の社名となったのは1974年だ。2011年には日常の作業風景を予約なしで自由に見学できるオープンファクトリーを作っている。作業現場とは全面ガラスで仕切られ、高温加熱の鋳造工程や研磨、研削、刃付けなどの作業を見ることができる。展示ギャラリーもあって、商品や会社の歴史なども学べるのだ。

休日にもなると県内外から多くの見学者が訪れる。連休は駐車場が県外ナンバーの高級車でいっぱいになるなど、セレブも注目する会社だ。

マルナオの箸は彫刻の技術を生かして日本最高級の品質を誇っている。マルナオは三条市で寺社を装飾する彫刻を生業として1939年に創業された会社だ。当初は墨壺車や糸巻など木工の大工道具の製造が中心で、好景気によって木製品の生産が間に合わなくなり、樹脂製の糸巻などプラスチック製品に重きを置いていた。

しかし、建築需要の落ち込みによる大工の減少や建築工法の変化による従来の道具の需要減、さらには2004年の水害によって会社は苦難を余儀なくされたため、今度は木製雑貨の製造に原点回帰を行い、その中で主力製品となる箸が生まれたのだった。

木工の高い技術を生かし、黒檀や紫檀といった非常に硬い稀少木材を使うなど高級志向の箸を展開するとともに、ステーショナリーなど積極的に木製品の持つ新境地を開拓し、海外の見本市で高い評価を受けるようになったのだ。2014年にはこちらもオープンファクトリーを開設している。

ここに挙げた企業はほんの一部に過ぎない。三条市、燕市にはエクセレントカンパニーが山ほどある。すべてを紹介すれば何冊もの本ができるだろう。ものづくりの復権が新潟経済、さらには日本経済の復権にもつながることは間違いない。

ちなみに両市には背脂ラーメンとカレーラーメンという個性的かつ地場産業に根付いたご当地ラーメンもある。これらのがっつり系ラーメンは工場に出前として届けられるなどして汗まみれになった職人たちの胃袋を満たしていったのである。工場見学にラーメンの食べ歩き、これだけで燕三条駅に途中下車する価値は十分あるのだ。

日本1の景観を活かせ!

▼上越新幹線は、日本1車窓を楽しめる新幹線だ!

新潟市に限ったことではないが、晴れた日の眺望は他県のどこよりも優れている。だが、このお宝に多くの人は残念ながらあまり気づいていないようだ。また、上越新幹線はどの新幹線よりも山岳景観に恵まれていることはいうまでもない。以前、新潟日報で特別論説委員として月に1回投稿する機会があった。その際に書いた原稿は以下の通りだ。2010年1月30日に、「オピニオン　時々草々　名山と「新潟」新幹線」と題したものである。

冬に上越新幹線に乗るのは私の密やかな楽しみだ。空気の澄んだ日に窓際に座ると雪山の大パノラマが堪能できる。東京駅を出て、雄大な関東平野を突っ走る間に、富士山や筑波山はもちろんのこと、甲武信岳や両神山などの秩父山系が車窓から顔を出す。運が良ければその奥に真っ白な八ヶ岳も見られるのだ。進行方向右側には勇壮な男体山や奥白根山、そして尾瀬の至仏岳も一瞬拝むことが出来る。

群馬に入ると赤城山、榛名山、妙義山の上毛三山をはじめ、武尊山、浅間山、谷川岳といった名だたる日本百名山を車窓から楽しむことができる。

新幹線が新清水トンネルを超えれば、別の角度から谷川の山並みを楽しむこととなる。何といっても圧巻なのが浦佐駅周辺の眺望だ。眼前に迫る越後三山と巻機山の山並みは白く、そして気高い。新幹線が新潟市に近づくと遠くに飯豊山地や朝日山地を臨むことができる。さらに、反対側に目を転じると車窓からも佐渡の山並みが見えるのだ。

十を超える日本百名山を、これだけの迫力を持って見ることができるのは上越新幹線だけだ。天気が良ければ車窓を楽しむだけのために料金を払ってもいいと思うのは私だけだろうか。このパノラマをもっとＪＲは宣伝してもいいのではないか。

あと、五年もすれば北陸新幹線が金沢まで延伸される。上越地方に新幹線が通ると乗客はますます混乱してしまうだろう。今でも上越新幹線は上越地方を通るものと思っている人は実際にいるのだ。

やはり、北陸新幹線延伸の際には上越新幹線を新潟新幹線と名前を変えるべきだろう。名称変更はあくまでも利用者の利便性のために行うものであるから、当然ＪＲの負担で行うべきであり、間違っても地元の負担を求めようとすべきではない。群馬県が異議を唱えるかもしれないが、大部分が埼玉県を通っていて、終点駅の名前を取っている高崎線のことを考えれば、新潟新幹線は何らおかしな名前ではない。


残念ながら駅の看板などを替えるだけで10億単位の経費がかかるということもあってか、新幹線の名称変更には至らなかったが、上越新幹線沿いのパノラマは健在である。ここでも触れたように、ＪＲはこの眺めをもっと積極的にアピールしてもいいだろう。

新幹線といえば、実は燕三条駅周辺で西方向、弥彦山の右肩に佐渡島の山並みが見えることも意外と地元では知られていない。新幹線から佐渡島が見えるの？と多くの人が驚くようだが、佐渡島が千メートル以上の山を持ち、新幹線そのものが高架になっていることから、晴れた日に見えるのはごくごく当然のことだ。新幹線の車内アナウンスでももう少し車窓から見える眺めを宣伝してみてはどうだろうか。

▼望岳都市新潟！

新潟日報メディアシップ、朱鷺メッセ、NEXT21、新潟県庁、これらに共通することは何だろうか。どれも新潟市中央区にある高層ビルであり、しかも、どれも無料の展望台があるのだ。晴れて空気の澄んだ日にこれらの展望台に登れば新潟市最大の魅力に気づくだろう。

そう、360度の大パノラマを満喫できるのだ。お勧めは1月から3月にかけて晴れた日だ。この季節はなかなか晴天に恵まれないが、ひとたび晴れると空気が澄んでいるということもあって、信じられないくらいの展望を味わうことができる。

県庁所在都市でこれだけ眺望のよい街は新潟市をおいて他にはない。全国各地を回っている身としてきっぱりと断言できる。山ということに限定すれば、富山市は立山連峰を目の前に見ることができるし、長野市や甲府市も周囲を山に囲まれている。特に甲府市からは富士山の眺めも素晴らしい。

だが、新潟市の眺望の魅力は山だけでない。展望台に登ると、眼下には日本海、そして佐渡島と遠くには粟島も見渡せる。また、広大な越後平野と日本1の信濃川、まさに海、山、島、川、平野と5つの光景がすべて堪能できるのは、日本広しと言えども、新潟市しかない。

例えば、先に挙げた富山市でも大河と島の風景は望むべくもない。山に関して2000m以上という基準を設ければ、ほとんどの県都は5条件のうち、せいぜい3つを満たすといったところに収まってしまうだろう。

実際、新潟市内からどれだけの山が見えるのだろうか。山といっても低い山から高い山までさまざまあるが、ここでは深田久弥氏が選んだ日本百名山に限定してみたい。インターネット上には望岳都市新潟と銘打ったサイトがある。ここでは新潟市から15の百名山が見えるはずだと記されている。具体的には、鳥海山、月山、朝日岳、飯豊山、磐梯山、魚沼駒ヶ岳、巻機山、燧岳、谷川岳、雨飾山、苗場山、妙高山、火打山、高妻山、白馬岳とそうそうたる顔ぶれだ。私も日本海側から鳥海山が見えたときは本当に感動を覚えたが、これだけの山が見える県庁所在都市はたぶんないだろう。

このうち、サイトでは白馬岳と高妻山、雨飾山については未だ写真撮影には成功していないようだが、百名山に限らず、越後の山並みをこれだけ一望できるのは雄大な越後平野のおかげでもある。内陸の都市の場合、確かに山は近いものの、海や島とは無縁である。

しかも山が近すぎて圧迫感だけという都市も少なくない。それに比べると新潟市の眺望のバランスの良さはまさに絶品である。

いずれにしても、晴れた日の新潟市は最高の眺望が楽しめるのである。また、日本海に沈む夕日もロマンチックなものだ。日本海夕日コンサートが１９８６年以来毎年続けられているのもまさに新潟の優れた眺望の賜物だ。

こんな話をすると、そうはいっても新潟市は雨や雪が多く、そんなに眺望を楽しめないのでは、

眼下に広がる日本海へ連なる信濃川

市街地の向こうに越後の山並み（上下とも撮影：著者）

といぶかる向きもあるだろう。そう、それでいいのである。天気が悪ければ、また来てもらえばいいのだ。

絶景を売りにしている観光地は少なくないが、例えば雲海などは常に楽しめるとは限らない。天気が悪かった場合は、展望台で快晴の時の映像や写真を見せれば今度こそはと、リピーターとして繰り返し来る観光客も出てくるだろう。

実際、人を惹きつける眺望で観光客が大幅に増加したケースは少なくない。例えば兵庫県の竹田城は雲海に浮かび上がる天空の城として日本のマチュピチュの別名があるくらい人気を博している。最近ではＳＮＳの投稿がきっかけとなって、埼玉県秩父市では雲海と夜景を見に来る観光客が大幅に増加している。

これらの地域もまさに運がよければ、であって必ずしも絶景を見られるとは限らない。それでも観光客が途切れないのは、天候が合えば絶景が待っているからだ。新潟市ももっと眺望の良さに光をあてるべきだ。

新潟市のまちづくりには課題も少なくはないが、その大きな理由は、もともとあったお宝をあまり高く評価せず、新しいものに飛びつきすぎることであった。この素晴らしい眺望は決してなくなるものではない。**眺望という絶対的なお宝を大事にすることで新潟市はもっと輝ける**だろう。

▼まだまだあるぞ、新潟の絶景

新潟市だけでもこれだけの絶景があるのだから、県内にはまさに一生に一度は行ってみたい絶景が数多く残されている。

十日町市星峠の棚田は、朝もやに包まれた幻想的な景色で訪れる人を魅了する。車道から峠の下を見下ろすとその光景はまさに絶景だ。ここ以外でも新潟の棚田の景観は全国的に高い評価を得ている。

新潟市の無料展望台とは趣を異にするが、**湯沢町のドラゴンドラ**や湯沢高原の世界最大級のロープウェイからの絶景もまた捨てがたい。**八海山や弥彦山のロープウェイ**も同様だ。天気のいい時は360度のパノラマが楽しめる。新緑や紅葉シーズンは多くの観光客で賑わっている。

中越地方では、黒部渓谷・三重大杉谷とともに日本三大峡谷の一つとして知られる**津南町の清津峡**や**魚沼市の奥只見湖**など、紅葉の名所も各地にみられる。また、信濃川中流域には、河岸段丘が拡がっている。苗場山麓の激しい隆起と信濃川の侵食によって作られた大地の造形は四季折々の美しさを見せる。

津南町はこの河岸段丘が特に発達していて、**9段のひな段状の地形**は日本最大のものとして、マウンテンパーク津南からこの絶景を眺めることができる。

上越地方では、**糸魚川ジオパークの小滝川ヒスイ峡**にある神秘的なスポット、高浪の池や妙高高原池の平温泉にあって、水面に霊峰妙高山を映し出すいもり池、日本の滝百選にも選ばれている。柱状節理の岩壁を流れる苗名滝など山岳景観を楽しむことができる。

このほか、**佐渡**であれば、尖閣湾の波風がつくり出した絶壁と青く澄んだ海が続く海岸線や6月になると一面にトビシマカンゾウの花が咲き乱れる大野亀、二ツ亀、ドンデン山からの眺めなど島内各所に絶景の場所が散らばっている。

絶景は自然景観だけではない。冬になると**妙高市**では伝統の辛味調味料かんずりのアクを抜くための雪晒しが行われ、**小千谷市や南魚沼市**では、小千谷縮・越後上布の反物を雪原に広げ、漂白する製作工程が行われている。雪の白と赤や紺などのコントラストは新潟ならではの景色だ。人が作り出した絶景といえばやはり**越後三大花火**に勝るものはないだろう。新潟の夏は、県内各地で多くの花火大会が開催されるが、その中でもこの3つは飛びぬけている。

まずは海の花火、**ぎおん柏崎まつり海の大花火大会**。毎年7月26日に開催される、柏崎の夏を代表する一大イベントだ。海を舞台に繰り広げられるダイナミックな花火は圧巻の一言に尽きる。海に向けて打ち込む海中空スターマインや600mにわたるワイドスターマイン、尺玉100発一斉打ち上げなど、百花繚乱の花火は見学者の心を魅了するのだ。

8月2日、3日の2日にわたって開催されるのが**長岡まつり大花火大会**だ。祭そのものの起源は1945年8月1日の長岡空襲からの復興を願い、翌年に行われた戦災復興祭である。全国

ぎおん柏崎まつり海の大花火大会

長岡まつり大花火大会

屈指の知名度と規模を誇る花火大会で、復興祈願花火フェニックスをはじめ、大迫力の正三尺玉や天地人花火といった名物花火が楽しめる川の花火だ。

9月9日、10日に開催される**片貝まつり**では浅原神社秋季例大祭奉納大煙火として山の花火が開催されている。この2日間、家内安全や亡き人への想い、子供の成長などを願った地域の人のさまざまな気持ちが込められた花火が夜空を染める。特に、直径８００ｍで世界一の大きさを誇る四尺玉は感動的だ。

海、川、山という新潟の特徴をふんだんに活かしたご当地花火が毎年実施されていることは新潟自慢の一つでもある。花火という絶景を見ずして新潟の夏を語ることなかれ、ではないだろうか。

第5章 新潟の逆襲がいよいよ本気モードに

新潟オリンピックが正夢に

これまでも見てきたように、新潟の逆襲は既に始まってはいる。だが、まだまだ本気モードとは言えないだろう。本気スイッチを入れるためには、何か象徴的な出来事あるいは多くの人がそのミッションを共有して前へ進もうというきっかけが必要だ。そんなきっかけとなり得る提案が実は2016年1月に新潟経済同友会によって示されていたのだ。

それは**2030年冬季オリンピック・パラリンピックの新潟開催を目指す**というものだ。えっと思った人も少なくはないだろう。だが、少なくとも経済界は本気なのである。2020年に東京オリンピック・パラリンピックが開催される。スポーツに多くの国民の関心が向かう中で、確かに新潟県民が一丸となって進むテーマにはなるだろう。その一方で、そういえば、札幌市が２０２６年の大会招致に向けて動き始めているのでは、札幌に勝てるのだろうかと心配する向きもあるだろう。

確かに札幌市は１９７２年の開催に次いで2回目の招致を進めているが、実は２０１８年の韓国平昌、２０２２年の北京とアジアが2回続くのだ。常識的に考えると3回連続でアジアというのはなかなか難しいだろう。オリンピックの開催地は地域バランスが考慮されるからだ。

そうすると２０３０年は再びアジアという可能性がないわけではない。冬季の場合、立候補する都市は減る傾向にある。雪不足や施設整備に多額の資金が必要なことが主な理由だ。２０３０年はまず国内での選考で札幌と競合ということになるかもしれないが、2回目よりは初のほうが一般的には国内選考では有利と考えられる。新潟五輪も決して絵空事ではないのだ。

この提言書を見ると、なるほどとうなずくことも少なくない。私も知らなかったことではあるが、実は新潟がオリンピックに手を挙げたのは過去にもあるのだ。１９７２年のオリンピックに関して、湯沢町が立候補したが、国内での選考を経て最終的に開催を射止めたのは札幌だった。敗れたとは言え、湯沢町の取り組みは１９７３年の日本初のアルペンスキーワールドカップ苗場大会につながったのだ。１９７５年、そして２０１６年にも湯沢町でワールドカップは開催されている。まさにリベンジの時が来たのである。

ソチ五輪ではメダリスト11人のうち、３人が新潟県出身者だった。それはスノーボード・ハーフパイプ銀の平野歩夢選手、スキージャンプ団体銅の清水礼留飛選手、スキー・ハーフパイプ銅の小野塚彩那選手だ。これは北海道の4人に次ぐ多さだ。

新潟には国際レベルのスキー場が多く、首都圏や北東アジアからのアクセスも良好である。世界一の豪雪地帯を抱え、雪不足も考えにくい。他国の候補に比べても図抜けた優位性を持っているのだ。だが、新潟ですべての競技ができるのか、心配する声もあるだろう。雪関係の競技は概ねできるとしても氷に関しては必ずしも既存の会場は多くない。

そこで、1998年にオリンピックを開催した長野の既存施設を活用すべしと提言では述べている。ボブスレーやスケルトン、リュージュといった競技は国内の競技人口が少ないこともあって、施設を新たに作ったとしても大会終了後の活用には大きな疑問符が付く。そうであれば、長野のレガシーを上手に活かせばいいのである。これらの施設は長野市でも維持管理に費用がかかる割にはあまり利用されていないということもあって負担となっている。2030年にオリンピックで使われるとなれば負担感も解消されるだろう。

オリンピックに巨額の投資をする時代は終わったというのも一つのメッセージになるだろう。実際、先にも触れたように冬季大会に手を挙げるところは減ってきている。そのような流れに一石を投じる意味でも**既開催地である長野の施設を有効活用して、まさにコラボのオリンピック**を目指せばそれこそ一石二鳥だ。名前も新潟オリンピックにこだわらなくても、新潟・長野オリンピック、これでながければ新長（にいなが）オリンピックでも構わないのではないだろうか。もちろん信越オリンピックという案もあるが、これでは長野が先に出てしまうので大方の新潟県民は反発するだろう。

すでに新潟オリンピックを後押しする動きが三条市から始まっている。それは**パラリンピアンと三条市の連携**をテーマに、三条市や市内企業などによる障害者スポーツの用具開発プロジェクトが本格化したのだった。この分野はこれまで輸入品のシェアが高かったが、三条のものづくりの技術を活用して選手を支援することを狙いとして始まったものである。まずは、アイススレッジホッケーのスレッジと呼ばれるそりの試作品を製作し、日本代表のキャプテンに贈呈したのだった。制作したのは田辺プレスを中心とした数社で、今後も他競技の用具の開発が期待されている。

新潟にはすでに冬季大会の開催を行う下地が整いつつあるのだ。開会式は既存のビッグスワンで行えば十分だ。当然のことながら**聖火台は十日町の火焔式土器**になるだろう。新潟の美味しい食で世界各国の選手をおもてなしすれば新潟のイメージアップは間違いない。特に新潟の野菜はイスラム圏の選手にも受け入れられるだろう。冬季大会はどちらかというと欧米中心になりがちだが、新潟での開催を契機に参加国を増やすということも目指してもいいだろう。いずれにしてもハード中心ではなく、ソフト中心、既存施設の利活用を基本とするコスパのいいオリンピック・パラリンピックをぜひ長野とコラボして目指してほしいものである。

右肩上がりのインバウンド

全国各地で海外からの観光客を増やす、いわゆるインバウンドの取り組みが進められている。新潟県でもここ数年、東アジアを中心に海外から訪れる観光客数は増加の一途を遂げている。これまでは東京観光の後に富士山を眺め、京都、そして大阪を訪れるというゴールデンルートが人気の中心だったが、リピーターが増える中で、もう一つの日本を見つけようと、それ以外の地域の隠れたお宝を探すような海外旅行客、それも団体よりも個人客が中心となりつつある。

新潟の強みは何といっても首都圏からの近さだ。JR東日本も海外からの旅行客向けのお得な乗車券を発売している。東京から日帰りや1泊程度で楽しめるという強みをもっと活かすべき時が来ている。

特に**スキー客の増加が顕著**だ。妙高、湯沢といったスキーエリアでは、北海道のニセコなどと同様、雪質の良さなどから、台湾やタイなどはもちろんオーストラリアなどのスキーヤーが増加傾向にある。外国人による旅館のリノベーションなども話題となっている。

実は新潟県内のホテル、旅館などの**宿泊施設の稼働率は最下位クラス**で低迷している。2016年も46位、ちなみに最下位は長野県だった。これは個人経営のペンションや民宿の稼働率の低さが足を引っ張っている側面が小さくはないが、見方を変えれば、伸びしろはいっぱいあるということだ。**ピンチはチャンス**でもある。繰り返し日本に来る外国人観光客は必ずしも豪華なホテルを期待しているわけではない。日本流の鄙びた温泉宿も施設を少しだけリノベーションして、英語などの外国語表記やWi-Fiを整備すれば外国人観光客にとって魅力的な宿となるはずだ。

限界集落と言われるような中山間地域も海外の観光客にとっては見せ方を工夫すればそれなりの観光資源にもなり得るだろう。高齢化、過疎化が進んでいるということはある意味、先進国も将来的にはそのような可能性のある地域は少なくない。諸外国の20年先、30年先をいっているにもかかわらず、集落がなんとか維持できているのを見ることも一つの大人の社会科見学となるだろう。

ここで課題となるのはいわゆる**二次交通**だろう。新幹線などで新潟県内に来ても、鄙びた温泉地などにたどり着くのは至難の業だ。路線バスもほとんどなく、あっても1日に数本あるかどうかだ。レンタカーをもっと海外の観光客に使いやすいよう工夫を凝らすなり、場合によっては世界的なタクシー配車サービス、ウーバーのようにタクシーの規制緩和を地方でこそ大胆に進めるといった抜本的な対策も不可欠だ。

これまで述べてきたように、新潟にはさまざまなお宝がまだ十分知られずに、また十分磨かれずに残されている。これらと宿泊施設を上手にコラボさせればインバウンドはもっと増加するだろう。大阪市西成区の簡易宿泊施設や都会のラブホですら外国人に好評なことを考えれば、**比較**

的低廉で、都会にない魅力がいっぱいの新潟の宿は、東京からの近さもあって人気となるだろう。豊富な温泉や豊かな食材を上手く活かして、さらなるインバウンドの推進が求められるのだ。

E7系の導入決まる

これまで上越新幹線を2000回近く乗ってきた身として、二階建ての東北新幹線や長野新幹線のお古が回されるだけで何ともやるせない気分だったが、ここにきてようやく新しい車両が導入されることがJR東日本によって発表された。2018年度以降3年間をかけて、北陸新幹線と同様のE7系の最新車両が導入されることが決定されたのだ。二階建てのマックスは順次廃止となるが、これで電源の心配は不要となり、トイレも快適なものとなる。背もたれを倒すとボタンを押しても戻らなかったり、座席のお尻の部分が微妙に沈むといった不具合もなくなるのだ。

遅れに遅れていた**新潟駅周辺**の連続立体交差事業も、2018年度には部分的に完成し、上越新幹線と羽越本線が同じホームで乗り換えることが可能になる。このスタイルは、九州新幹線が新八代駅と鹿児島中央駅の間だけ部分開業していた際に、新八代駅で新幹線と在来線特急が同じホームで乗り換えできたのと同じ方式だ。

これによって、乗り換え時間が短縮されるなど村上、鶴岡、酒田方面の利便性が増すことになる。ますます**観光面で庄内地方とのコラボが重要**になってくる。また、**秋田新幹線ともコラボ**して、秋田・角館方面と鶴岡・酒田、そして新潟・村上の３エリアを２泊３日程度で周遊する観光ルートがこれまで以上に魅力的なものとなるだろう。

上越新幹線をもっと魅力的な乗り物にするためにはやはりWi-Fiの整備は不可避だろう。すでに東海道新幹線は有料のサービスを始め、東北新幹線でも一部で試行しているが上越新幹線はまだだ。なんといってもトンネルが多いだけに通常のWi-Fiが途切れてしまうのは、ビジネスマンならずとも不満の種だ。群馬県側のトンネル部では工事も始まっているようだが、新潟県側も長岡駅を過ぎればトンネルの連続だ。新型車両の次は是非Wi-Fiの整備にも力を注いでほしいものだ。この場合、県や市町村の負担ということも出てくるだろうが、本気でインバウンドを延ばそうと考えるのであれば優先順位は高いはずだ。

車内サービスも少しずつ改善が加えられている。２０１６年からは夏の時期に上越新幹線の上下線の一部（午後の便）で**朝採れの枝豆**が美味しく茹でられて提供されている。販売数には限りがあるが、このような地道な取り組みを通じて枝豆王国新潟を全国に発信し続けることも大切だ。

高速道路でもＳＡ・ＰＡが競うように魅力的なご当地の商品を取り揃え、以前のような高くて不味い、というマイナスイメージを完全に払しょくしている。新潟の場合、交通網のハード整備はそれなりに進んでいる。今後はソフト面で他地域に負けない工夫をもっと進めるべきだ。その際、ご当地のお宝を上手く使うことは必要不可欠だ。

八十里越が新潟の未来を拓く

八十里越とは、三条市の下田地区から魚沼市の北端部を経由して只見町に至る街道だ。名前の由来は、実際の距離は八里、すなわち約31㎞程度であるにもかかわらず、道のりの険しさゆえに一里がその10倍の十里にも感じられるほど余りに急峻かつ長大な山道であるからともいわれている。明治時代後期までは、中越地方の北部と福島県会津地方南部とを結ぶ重要な街道で、新潟から南会津へは塩、魚類や鉄製品などの生活物資が、南会津から新潟へは繊維の原料や林産物などが運ばれていた。

しかし、１９１４年に磐越西線の前身である岩越線が全通すると八十里越は衰退の一途をたどった。一方、中越地方と只見町との間を結ぶ街道の一つで魚沼市と同町の間の六十里越では、１９７０年代前半に国道２５２号とＪＲ東日本の只見線が通ったのに対して八十里越の整備はなかなか進まなかった。国道２８９号などの国県道はいずれも両県境を挟んで約20㎞にわたり自動車の通行不能区間が残存している。現在、新潟・福島両県と国土交通省では、国道２８９号の通行不能区間を解消するため八十里越道路の改築事業を進めていて、２０２０年代の前半までには開通する見込みとされている。

実はこの八十里越は、歴史的に重要な街道でもある。八十里越は、幕末から戊辰戦争時にかけて越後長岡藩の家老であった河井継之助が生涯最後に越えた峠であり、現在の只見町は継之助の最期の地として知られる。このような悲劇の地でもある八十里越、ここが開通することは単に会津地方南部の人々にとっての悲願ばかりではなく、**新潟県と福島県が東日本大震災の苦難を乗り越えるための象徴**として、また、**両県のコラボの証**としても少なからず意義があるものだ。

八十里越の起点となる三条市では、2016年に**実学系ものづくり大学開設検討委員会**を立ち上げた。大学冬の時代といわれているが、燕三条地域のものづくりの伝統と歴史を活かし、さらに発展させていくために2021年度にものづくり大学を開設することを目指している。具体的には地域産業界の協力を得て、実践的な技術・知識を早い段階から取り入れるという教育システムを導入することを考えている。燕三条地域は日本のそして世界のものづくりの宝ともいえる地域だ。一方、後継者不足や技術の継承などでさまざまな課題を抱えているのもまた事実である。

検討委員会の中間まとめでは、地域に必要な人材は「創造性豊かなテクノロジスト」（ものづくり人材）であると考えられている。具体的に、「創造性豊かなテクノロジスト」とは、工学知識と技術に、創造力とテクノロジー・マネージメント能力をも兼ね備えた人材としている。人口10万ほどの市でこのような大学の設置を目指すのはかなり挑戦的ともいえよう。それは燕三条地域だけでなく、新潟県、そして日本のものづくりの未来を左右するかもしれない壮大な取り組みなのである。

2020年代、八十里越が開通し、そして三条にものづくり大学が開学して有意な人材を世に輩出する時、新潟は再び輝くだろう。八十里越こそが、新潟の未来を拓く切り札なのだ。

新潟の若者が輝く日——もう、杉と男の子は育たないとは言わせない!

新潟の未来は何といっても若者たちにかかっている。彼ら、彼女らが光り輝くことが可能な社会こそ、新潟の明るい未来なのだ。特に高校生がカギを握っていると言っても過言ではない。地方創生の時代、全国各地で尖がった高校の取り組みが注目を集めている。

2002年から始まったいわゆる高校生レストランの取り組みは、三重県から北海道に伝播している。三重県の相可高校で培ったノウハウが廃校となり、市立高校として生まれ変わった三笠高校に引き継がれているのだ。ここでも**高校と高校、自治体と自治体のコラボ**がキーワードとなっている。

離島ながら多くの移住者を惹きつけている島根県海士町にある隠岐島前高校は今や全国から一番注目を集めている高校だろう。

一時期は廃校寸前まで入学者数が減少したことに危機感を抱いた町の関係者が魅力化プロジェクトを立ち上げたのだ。島の子どもたちや学校、地域に良い刺激をもたらしてくれる意欲と力のある生徒を受け入れる島留学の支援制度を充実させるとともに、学校と地域が連携した公立塾の隠岐國学習センターを作り、単に勉強のサポートだけでなく、キャリア教育を行うとともにIC

Tを活用した魅力あるプログラムを提供している。

また、高校では生徒たちが実際のまちづくりや商品開発などを行うことで、想像力・主体性・コミュニケーション能力など地域社会で活躍するための総合的な人間力を磨く地域創造コースをスタートさせた。

さらに、ヒトツナギ部という日本全国の中高生を対象としたヒトツナギの旅を企画運営することで島内外の人に島の人の温かさを伝える部活動や、地域や国際関係のボランティア活動などを行う地域国際交流部などの活動も盛んだ。これらの取り組みによって志願者はV字回復し、今では島外から多数の入学希望者が殺到し、倍率も2倍を超えることもあるのだ。

このように、海士町は隠岐島前高校の躍進もあって、今では地方創生のトップランナーとしての地位を不動のものにしている。高校生こそ地域の真のお宝なのである。

▼県立海洋高校の「最後の一滴」

では、新潟県はどうだろう。吉川高校の醸造学科のような個性的な取り組みが消え去ってしまったのは残念ではあるが、どっこい、頑張っているところはいくつもあるのだ。その代表格は何といっても**糸魚川市にある県立海洋高校**だろう。

1898年に開校し、1993年に能生水産高校から校名を改称して大きく生まれ変わったのだった。現在は水産資源科と海洋開発科の2学科の構成だ。海洋高校はまさに地方創生に挑戦する学校として人材の育成に取り組んでいる。その成果はさまざまな分野で見られるが、何といっても注目を集めているのは「最後の一滴」と呼ばれる魚醤だ。

最後の一滴は海洋高校の食品研究部が２０１３年に開発したヒット作だ。地元の能生川に遡上したサケを有効利用するために開発製造した魚醤で、産卵のために母なる川に戻り最期を迎えるサケの一生と、調理の最後に加えると料理が飛躍的においしくなることから商品名が生まれている。

しょっつる、ナンプラーなどは独特な風味を持つことで知られているが、これら一般的な魚醤に比べて香気を抑えたクセのない風味に仕上がっているため、どのような料理にも合うという万能の調味料だ。また、研究の結果、疲労回復に関与する「アンセリン」という物質や関節痛予防や肥満防止に関与する「コンドロイチン硫酸」が、他の魚醤に比して多量に含まれていることも明らかになっている。

海洋高校の取り組みは、国産の農林水産物の消費拡大に貢献する活動を表彰する「フード・アクション・ニッポンアワード２０１５」で高校としては唯一審査員特別賞を受賞した。２０１６年にはグッドデザイン賞も受賞している。新潟の高校も全国で注目を集めているのだ。

最後の一滴にはさまざまなこだわりがある。透明感のある琥珀色で、しかも塩だけを使って濃厚さと旨みを損なわない魚醤を作るために何度も試行錯誤を繰りかえしながら開発したのだった。見た目ももちろん大事というプロ顔負けの商品開発だ。

細身の四角いオシャレな瓶も高校生のアイデアだ。下からライトを当てると琥珀色に澄んだ魚醤があたかも高級ウィスキーのように浮かび上がる（日本経済新聞2016年3月2日）とのことだ。最後の一滴の楽しみ方はさまざまだ。鍋や煮物はもちろん、寿司ネタに塗ったり、卵かけごはんやサケといくらの親子丼やチャーハンの味付けにもOKだ。

▼「新潟学」など地域学の必要性

第2、第3の海洋高校が出てくることが新潟の逆襲に欠かせない。一方、県内外で地方創生の取り組みに熱心なのはいわゆる職業系の高校が中心だ。将来の進路に直結しやすいということもあって、農業や工業、水産、商業などに関する学科で学ぶ高校生のほうがより切実だということの裏返しでもある。

多くの高校は普通科などで、大学進学を前提とした教育が行われている。新潟県内の大学だけで高校生のニーズを満たすことは到底不可能だ。

首都圏などの大学に進学するのは仕方のないことでもあるが、卒業後、あるいは卒業して30代、40代になってから、あるいは第2の人生として故郷に戻ってくる人の数が増えなければ、新潟の未来は暗い。帰ってこなくてもさまざまな形でつながり新潟の応援団となってもらうためにも、改めて新潟のことをもっと学んでおく必要があるだろう。

すでに隣の長野県では、自らが生まれ育った地域を理解することで、ふるさとに誇りと愛着をもち、ふるさとを大切にする心情を育む、信州の未来を考える探究的な学習を信州学と位置づけている。小中学校での取り組みを踏まえて改善を行い、2016年度からすべての高校で信州学を総合的な学習の時間に導入しているのだ。

新潟県ではまだこのような組織的、かつ体系化した学びの時間は設けていない。良いところはどんどん真似をしてでも取り入れるのが勝者のセオリーである。**新潟学**、あるいは**越後学**、**佐渡学**といった形で普通科の高校生にも地域を学び、地域の課題を見つめなおす機会を是非設けるべきではないだろうか。

目をスポーツの分野に転じると、**新潟の高校スポーツ**はスキーなど冬季の競技をのぞくとあまり目立った成績はこれまで上げられてこなかった。例えば、野球、サッカー、ラグビーという人気の競技でも全国大会ではなかなか上位に勝ち進むことはなかった。

そんな中で、**日本文理高校**が夏の大会で大活躍したのは2009年のことだった。決勝でのあの死闘は今でも多くの人の記憶に残っているだろう。いつの日か、新潟の高校生たちが全国制覇を果たす、そんな瞬間もきっとやってくるはずだ。

新潟のお宝は何といっても次代を担う若者たちだ。彼ら彼女らが先頭に立って新潟を磨く、大人たちはその手助けをすべく裏方に徹しようではないか。もはや杉と男の子は育たないとは誰にも言わせない。新潟の若者たちが輝く日こそ、新潟の逆襲記念日だ！

エピローグに代えて

今年もまた日本酒鑑評会の季節がやってきた。１０５回目の鑑評会は5月18日に結果が公表され、福島県が５年連続で金賞数日本１（22銘柄）、宮城県が23銘柄出品して9割近くの20が金賞という驚異的な率で続いた。そしてわが新潟県は14で5位に留まったのだった。

第1位　福島県（45銘柄中22金賞）
第2位　宮城県（23／20）
第3位　秋田県（31／16）
第4位　山形県（39／15）
第5位　新潟県（70／14）

当然のことながら上位の県ではテレビや新聞で状況を大々的に報じている。だが、新潟県の地元紙、新潟日報は淡々と報じただけだった。金賞数と順位だけで、都道府県別の出品数には一切触れなかった。

これは福島民報や河北新報といった東北の新聞社とは大違いだ。勝ち組のこれらの新聞では、一覧表となって出品数や金賞数を誇らしげに記載していたのだった。

新潟県では70銘柄出品しているので、金賞の受賞率はわずかに20%、全国平均の28%にも遠く及ばない。

出品のあった45都道府県中25番目、20銘柄以上出品した34道府県の中では21番目とやはり下位に低迷しているのだ。日本酒王国はどこへ行ってしまったのだろうか。

ちなみに金賞率が20%で並んでいるのが北海道、千葉県、石川県だ。県民のだれもがこの3道県よりも新潟の日本酒は美味しいと思っているだろう。だが、プロの評価はこんなものなのである。入賞数も35で入賞率は50%、これは全国平均と変わらない。

どうも**不都合な真実**にまだまだ向き合おうとしないようだ。これでは逆襲などおぼつかない。マスコミの健全な批判精神はどこにいったのだろうか。このままでは本当に**ラブイズブラインド**のままだ。あるいは愛はカゲロウ、つかの間の命なのだろうか。

また、2014年度の一人当たりの県民所得も先般公表された。新潟県はこれまで20番台を維持していたが、31番と1990年以来の30番台に下がってしまっている。

本書は新潟県の現状についてかなり辛口に批評し、課題を抽出しつつも、いかにして解決すべきか、私なりに提案してきたつもりではある。これはこれで私なりの新潟愛である。愛の鞭と言ってもいいだろう。

お宝はいっぱいあるのに十分活かし切れていない、それどころか、お宝があるだけで満足しきっている、それでは地域間競争が激化する地方創生の時代を勝ち抜くことはできない。

全国各地で地域活性化に関わる人々と話をすることがある。皆、口々に、「新潟はいいですね、美味しいお米に美味しいお酒、そして豊かな自然と海の幸、本当に羨ましいですよ」と話すのだ。お米とお酒については再三触れてきたとおりだが、**実は海の幸もあまり恵まれているとは言い難い**のだ。海を持つ39都道府県の中で、水揚げ高は25位、これだけ長い海岸線があるのに実は下のほうというのも意外な感じではある。

もちろん、質の面では高いという声もあるだろうが、隣の富山や石川に比べても水揚げ高が少ないということは、地元であまり魚を味わえないということなのだ。

日本全国で知恵比べが始まっている。地方創生の掛け声のもと、いかにして都会から人を呼び戻すか、移住、定住を進める動きが加速している。

あるいは過熱しすぎているとして返礼品に関してブレーキが少しかけられてはいるが、主に都市住民から地方へのふるさと納税もここ2、3年大幅に増加している。新潟県内では燕市が断トツの1位だ。やはりモノづくりのまちは返礼品でも全国の人を惹きつけているようだ。

大都市から人を呼び込むためには魅力的な職場や住環境、そして教育環境などさまざまなお膳立てが必要だ。特に若者の都会への流出を少しでも減らそうと、全国各地でさまざまな取り組みが進められている。

新潟県内でも先駆的な動きもある。南魚沼市ではCCRCと呼ばれる生涯活躍のまちづくりを国際大学などと連携して進め、都会からの移住者を増やそうとしている。インバウンドの取り組みでも、妙高市や湯沢町などでは海外からのスキー客が増加するなど効果もそれなりに見られているのだ。

いずれにしても、まずは現状を冷静に見つめなおすこと、これからすべてが始まるのではないだろうか。ありのままに、である。

そんな中で、新潟で頑張る人はいっぱいいる。ローカルスターともいうべきご当地芸人の宝庫ではないだろうか。特に**お笑い芸人集団NAMARA**は日本初のご当地お笑いプロダクションで20年前に発足した。そのリーダーが江口歩氏だ。

お笑いといえば関西、というのが定番だったがその風潮に風穴を開けたのが彼らだ。ライブ活動、テレビ、ラジオ、イベント出演といった一般的な芸能活動のほか、学校での講演、企業や各種団体の研修会、さまざまな社会問題を扱った討論会などに笑いを通じて関わっているのが大きな特徴だ。笑いで地方創生を目指しているのだ。

地域活性化といっても眉間にしわを寄せても誰も見向きもしないものだ。やっている本人たちが楽しく、それこそ笑いを誘いながら多くの人を巻き込む、まさにNAMARAの活動がぴったりなのだ。

新潟の最大の武器はその豊富な食文化だ。これを十二分に活かすことが新潟の逆襲の近道だろう。私はこの4月、新しく発足した一般社団法人日本食文化観光推進機構の理事長に就任した。食文化を観光につなげ、国内外にその魅力を発信することが地域活性化につながっていくだろう。安易に開発するのではなく、まずは地元に根付いた食文化に光を当て、磨き上げることがカギとなる。

本書を書くきっかけとなったのが、元タレントでテレビ新潟アナウンサーの堀敏彦氏だ。堀氏とはひょんなことで知り合い、何度となく古町パトロール（ただの飲み会のことですが（笑））をご一緒させていただいたが、今回、私を推薦してくれたのが彼である。新潟の縁に感謝である。

また、今回、執筆の機会をいただいた言視舎の杉山尚次氏には大変お世話になった。これまで新聞やテレビで言ってきたことと矛盾したような媚びた論調だけは嫌だという私のわがままを聞いていただけた杉山氏のお心遣いにも感謝である。

今回の執筆に当たっては多くのゼミ生との縁にも感謝である。私のゼミには新潟県内外から多くの学生が集まってくれた。毎年十名から十数名、2学年なので多い時には30名前後ということもあった。

毎週木曜日、ゼミの後の通称代ゼミ（夜ゼミ）で、飲みながら新潟の来し方行く末について語り合い、酔っ払いの教員の相手をしてくれた歴代の学生の存在がなければ、この本は出来なかっただろう。

そして、そんな学生を本当の子どものように親身になって「飲みニケーション」の指導をしてくれた、新潟市西区小針の居酒屋ひよこのママに本書を捧げるのだ。

参考文献

石毛直道『日本の食文化史─旧石器時代から現代まで─』（岩波書店　２０１５年）
落希一郎『僕がワイナリーをつくった理由』（ダイヤモンド社、２００９年）
吉川美貴『町屋と人形さまの町おこし』（学芸出版社、２００４年）
田中圭一ほか『新潟県の歴史』（山川出版社、１９９８年）
田村秀『データの罠』（集英社新書、２００６年）
田村秀『自治体格差が国を滅ぼす』（集英社新書、２００７年）
田村秀『B級グルメが地方を救う』（集英社新書、２００８年）
田村秀『消滅か復権か　瀬戸際の新潟県─12の課題』（新潟日報事業社、２０１０年）
田村秀『暴走する地方自治』（ちくま新書、２０１２年）
田村秀『ランキングの罠』（ちくま文庫、２０１２年）
田村秀『新潟と全国のご当地グルメを考える（ブックレット新潟大学）』（新潟日報事業社、２０１３年）
田村秀『道州制で日本はこう変わる─都道府県がなくなる日』（扶桑社新書、２０１３年）
田村秀『改革派首長はなにを改革したのか』（亜紀書房、２０１４年）
田村秀『「ご当地もの」と日本人』（祥伝社新書、２０１４年）
田村秀『自治体崩壊』（イースト新書、２０１４年）

俵慎一『B級ご当地グルメでまちおこし』（学芸出版社、２０１１年）
内閣府地方創生人材支援制度派遣者編集チーム編『未来につなげる地方創生』（日経ＢＰ社、２０１６年）
新潟日報報道部『東京都湯沢町』（潮出版社、１９８９年）
野瀬泰申『全日本「食の方言」地図』（日本経済新聞社、２００３年）
山内道雄『離島発生き残るための10の戦略』（ＮＨＫ出版、２００７年）

田村秀（たむら・しげる）
1962年生まれ、北海道苫小牧市出身。東京大学卒業後、旧自治省を経て2001年から新潟大学法学部助教授。2007年から教授、法学部長などを歴任。専門は行政学、地方自治、公共政策、食によるまちづくり。2015年から群馬県みなかみ町参与、2017年から（一社）日本食文化観光推進機構理事長を兼務。

装丁………山田英春
DTP制作………勝澤節子
編集協力………田中はるか

新潟の逆襲
ピンチをチャンスに変えるリアルな提案

発行日❖2017年 7月31日　初版第1刷
　　　　2017年12月20日　　　第2刷

著者
田村秀

発行者
杉山尚次

発行所
株式会社言視舎
東京都千代田区富士見2-2-2 〒102-0071
電話03-3234-5997　FAX 03-3234-5957
http://www.s-pn.jp/

印刷・製本
中央精版印刷㈱

ISBN978-4-86565-097-6 C0336